Bernhard Geue

Stier sucht rotes Tuch

Bernhard Geue

Stier sucht rotes Tuch

Warum wir souverän sein wollen
und trotzdem verrückt spielen

Kreuz

Inhalt

5

Dritter Teil

Mit Power gegen jede Mauer
oder: Wenn der Stress zum Angriff treibt

Das Hirn denkt,
und die Panik lenkt

Leiden Sie unter Stress?

Diese Frage bringt viele Menschen in einen emotionalen Zwiespalt. Zum einen klagen sie gern und immer öfter über die vielfältigen Belastungen am Arbeitsplatz, in Familie und Freizeit. Man würde ja so gerne ein ruhiges und beschauliches Leben führen, statt sich in der Tretmühle des Alltags verheizen zu lassen!

An manchen Tagen potenzieren sich zudem die Belastungen, es kommt zu negativen Kettenreaktionen: Dem Frust in der Firma folgt unweigerlich der Krach zu Hause, beim Einparken gibt es Ärger mit dem Nachbarn, und in der Post warten unangenehme Nachrichten vom Finanzamt. Und dann fegt die Katze noch die vollen Weingläser vom Tisch.

Es ist eigentlich nicht auszuhalten.

Aber andererseits …

… andererseits gilt es beinahe als gesellschaftliches Gütesiegel, vom Stress geplagt zu werden – und das möglichst nicht zu knapp. Entspannte Mitarbeiter etwa machen sich rasch verdächtig. Denn wer erfolgreich ist und mit den Herausforderungen des Alltags kämpft, der steht unter starkem Druck und zeigt es auch. So jedenfalls die landläufige Meinung, und genau so erleben viele Menschen die Diktatur ihrer

Zeitpläne und Leistungsvorgaben. Mit eindeutigen Konsequenzen für das Sozialverhalten.

Wer auf sich hält, der besteht auf seiner spürbaren Überlastung. Nur Aussteiger und Versager haben schließlich ein geruhsames Leben.

Oder etwa nicht?!

Stress ist längst kein fragwürdiges Privileg von Führungskräften mehr.

Er hat sich höchst demokratisch in der ganzen Bevölkerung ausgebreitet, plagt gleichermaßen die Hausfrauen und Sachbearbeiter, vitalen Rentner und Vorschulkinder. Sein Horror ist nicht nur in Büros und auf Flugplätzen gegenwärtig, sondern tobt sich auch in Urlaubsparadiesen, bei Vereinsfesten und auf Tennisplätzen aus: Vergnügen und Wohlbefinden als Belustigungs-Akkord.

Die Folgen sind fatal und medizinisch messbar.

Was nämlich früher als »Managerkrankheit« nur wenige betroffen hat, das ist mittlerweile zum echten Volksleiden geworden. Hoher Blutdruck und Herzinfarkt gelten daher als ebenso gefährliche wie weit verbreitete Zivilisationsschäden. Sie sind die körperlichen Alarmzeichen dafür, dass im Leben und Zusammenleben der Menschen etwas grundsätzlich nicht (mehr) stimmt.

Die Diagnose ist eindeutig, die Prognose unausweichlich: Viel zu viele Zeitgenossen hetzen sich zu lange ab, und bekommen irgendwann dafür ihre lebensgefährliche Quittung.

Warum plagt man sich nur so unsinnig und wider alle Vernunft? Was bringt uns dazu, fortlaufend

Raubbau mit den eigenen Kräften zu treiben und das frühzeitige »Aus« zu riskieren – obwohl sich doch eigentlich niemand gerne selber schaden möchte?

Schuld an diesem Dilemma ist das Teil des biologischen Betriebssystems, mit dem jeder auf Belastung und Stress reagiert.

Es stammt aus einer frühen Phase der menschlichen Entwicklung und wird deshalb auch gern das »Reptiliengehirn« genannt. Sobald wir eine Bedrohung wittern, schlägt unser seelischer Werksschutz Alarm und löst eines von drei Verhaltensmustern aus:

Flüchten,
Angreifen oder
Totstellen.

Zur Zeit unserer Vorfahren war das durchaus sinnvoll, um mit bedrohlichen Attacken von Untieren und Artgenossen fertig zu werden. Der Neandertaler schlug mit dem Faustkeil zu, suchte fluchtartig das Weite oder kauerte regungslos hinter einem Busch, bis die Gefahr vorüber war. Anschließend ruhte man sich aus und regenerierte seine Kräfte – bis zur nächsten Krise.

Ein sinnvolles Programm zur Selbsterhaltung: Auf die überlebenswichtige Anspannung folgte stets die Entspannung, akuter Stress wurde umgehend durch Erholung ausgeglichen. Das biologische System blieb so gut wie möglich im Gleichgewicht.

Aber heute?

Heute jagt unser Nervensystem mit Höchstgeschwindigkeit über die Achterbahn der permanenten Herausforderungen. Berufliches Powerplay, Konkurrenzdruck und Konsumterror sorgen für rastlose Betriebsamkeit. Lärm, Verkehrsgetümmel und Unterhaltungsrummel zerren an den Nerven. Und wem der Tag nicht reicht, der kann sich noch bei Dunkelheit gnadenlos vergnügen. Bis es ihm am Morgen graut und graust.

Zur äußerlich bedingten Hektik kommt die innere Unrast. Denn viele Zeitgenossen leiden unter Versagensängsten. Sie fürchten nämlich, das überhitzte Tempo nicht lange genug mithalten zu können und deshalb über kurz oder lang von der Fitnessgesellschaft sozial ausgemustert zu werden; als Weicheier und Warmduscher mit reduzierter Spaßfähigkeit.

Also wird gnadenlos Leistung gezeigt, notfalls mit Hilfe von Alkohol und Drogen. Damit im Kindergarten, am Arbeitplatz und beim Rentnerstammtisch das vitale Image nicht beschädigt wird ...

Das allgemeine Stressproblem hat aber noch ganz andere Ursachen. Wir alle zahlen nämlich auf diese Weise den Preis für den technischen und sozialen Fortschritt.

Immer neue Entdeckungen und Innovationen haben gerade im vorigen Jahrhundert den Eindruck suggeriert, dass die Menschheit mit allen Problemen fertig werden könne. Dank der Errungenschaften von Physik, Chemie und Medizin wurden Energieprobleme gelöst, Ernährungskrisen abgewendet oder die Seuchengefahren gebannt – jedenfalls für die wohlhabenden Industriestaaten.

10

Forscher und Techniker stoßen zudem in immer neue Dimensionen vor; sie planen die Kolonisation des Weltraums und produzieren geklonte Lebewesen. Doch mit den Chancen wachsen zugleich die Risiken, und zwar immer dramatischer: Das gilt für Kernenergie wie Gentechnologie, für den weltweiten Handel oder die globale Kommunikation.

Der Preis der (Über-)Lebensqualität im dritten Jahrtausend ist hoch geworden.

Die ökologischen, ökonomischen und sozialen Bedingungen belasten den einzelnen sehr stark. So dokumentiert etwa die steigende Zahl von Allergikern die Folgen von Umweltvergiftung und Klimawechsel; Bewegungsmangel und stressbedingte Haltungsfehler führen zu Gelenkverschleiß oder chronischem Schmerz. Der menschliche Körper hält die Zwänge immer weniger aus, die Konstruktion wird planmäßig überfordert und zermürbt. Diese Vorgänge beschäftigten den Forscher Hans Selye, als er 1936 den Begriff »Stress« in die Medizin einführte.

Seit dieser Zeit ist unser Leben nicht nur anstrengender geworden, man wird auch laufend mit Problemen aus der übrigen Welt konfrontiert. Ob Sri Lanka, die Sahel-Zone oder das Kosovo – ständig und in Echtzeit melden die Nachrichten, wo Kriege geführt werden, Katastrophen ausbrechen oder Völker an Hunger zugrunde gehen.

Der Horror kommt 24 Stunden täglich frei Haus, mit ganzjähriger Nonstop-Garantie. Es nützt nichts, keine Nachrichten mehr zu hören oder die Tageszeitung abzubestellen. Man wird trotzdem vom allgemeinen Klima der Verunsicherung infiziert.

Wir können kaum noch zur Ruhe kommen, die friedliche Unwissenheit der früheren Jahrhunderte ist endgültig vorbei.

Das ist ein Dauerstress, den niemand haben will und trotzdem jeder hinnehmen muss. Eine überaus schlechte Grundlage, um mit den kleinen und großen Problemen des eigenen Alltags zurecht zu kommen.

Und die werden bekanntlich weder kleiner, noch kann man sich durch einzelne Erfolge vor Pleiten und Pannen schützen: Selbst Friedensnobelpreisträger müssen Ehekriege ertragen, herausragende Verkäufer machen Bankrott bei der Erziehung ihrer Kinder, Leistungssportler versagen kläglich vor dem Älterwerden. Höhen ohne Tiefen gibt es nicht.

Dabei geben sich doch alle die größte Mühe, die Herausforderungen ihres Lebens zu meistern. Mit einer häufig fatalen Erfahrung: Je mehr man sich bemüht, bestimmte Fehler zu vermeiden und Schwächen an den Tag zu legen, desto wahrscheinlicher geht dieser Versuch daneben. Der Auftritt beim Angstgegner in der Chefetage scheitert genau so wie die Aussprache mit dem Partner oder die Absicht, den nächsten Urlaubsflug ohne Panikattacken hinter sich zu bringen.

Das ist kein Wunder. Negative Erwartungen mobilisieren unser Alarmsystem, das auf diesen bedrohlichen Stress (wie gewohnt) mit Flucht, Angriff oder Totstellen reagieren will – was leider kaum möglich ist. Die nervöse Hochspannung kann darum nicht in rettende Aktionen umgesetzt werden und löst statt dessen die gefürchteten Kurzschluss-Reaktionen aus:

Die Muskulatur verspannt sich, das Herz rast, ein Kloßgefühl sitzt in der Kehle, man bringt keine klaren Gedanken zusammen …

Und deshalb spielen wir gerade dann verrückt, wenn wir so gerne souverän auftreten wollen.

Zu viel Aufregung schadet nicht nur der Gesundheit, sondern verdirbt die Lebensqualität – was zu neuer Anspannung führt, die alles schlimmer macht. Tag für Tag, und Jahr um Jahr.

Das vorliegende Buch ist als persönlicher Stress-Begleiter gedacht. Es beleuchtet die speziellen Situationen und Reaktionsmuster, die das eigene Nervenkostüm strapazieren und immer wieder in eine gefürchtete Sackgasse führen.

Nur wer diesen Teufelskreis erkennt, der kann ihm auch entkommen; Unkenntnis schützt vor Schäden nicht. Die folgenden Seiten sind aber weniger als Bußpredigt geplant. Die einzelnen Kapitel sollen vielmehr einen Beitrag leisten, um den Weg in eine entspanntere und gelassene Zukunft zu finden.

Damit es am Ende heißt: Stress, lass' nach! Nicht immer, aber immer öfter …

Erster Teil

Nichts wie weg – egal warum oder: Wenn der Stress zum Flüchten zwingt

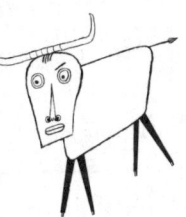

Das Glatteis ist des Esels Lust

Bodo von Spinnacker hat im Leben schon viel ausprobiert. Wirklich sehr viel.

Und er hat sich nie die Butter vom Brot nehmen lassen, was immer auch passiert ist – das reinste Stehaufmännchen, sollte man meinen.

Nach dem abgebrochenen Jurastudium ging er als Vertreter in den Außendienst, doch nach drei Jahren in der Versicherungsbranche waren neue Herausforderungen angesagt. Bodo machte sich als Handelsvertreter mit Sprudelbädern und Diätpräparaten selbstständig, und nebenbei wurden Kochtöpfe auf Hausfrauenparties vertrieben.

War keine schlechte Sache, auf Dauer allerdings wenig befriedigend. Vor einigen Monaten ist er deshalb in den Vertrieb von Immobilienfonds eingestiegen. Ein todsicherer Tipp von einem ausgeschlafenen Kollegen, nur laufen die Geschäfte leider im Augenblick alles andere als gut.

Wird wohl wieder Zeit für etwas Neues …

Im Rückblick ist aus den vielen günstigen Gelegenheiten der letzten Jahrzehnte leider niemals etwas Rechtes geworden. Auch im Privatleben nicht, wie er sich nach der dritten Scheidung eingestehen muss.

Doch einen Bodo von Spinnacker wirft das nicht um, ihn doch nicht. Er wird mit Sicherheit so lange weitermachen, bis ihm endlich der große Wurf gelungen ist.

Oder bis ihn der Stress endgültig geschafft hat.

Es gibt Menschen, die ständig auf der Flucht sind.

Jemand wie Bodo versteht es jedoch erfolgreich, einen ganz anderen Eindruck zu erwecken. Wenn man seinen flotten Sprüchen glauben will, dann schwimmt er im Leben immer ganz vorne mit.

Dynamisch und stets mit einer Hand am Puls der Zeit.

Bodo weiß, wann und wo das meiste Geld zu verdienen ist. Bodo fährt Geländewagen, macht Urlaub in der Hohen Tatra und spielt Polo, weil es gerade »in« ist. Er kann genau sagen, wo man mit wem die Nächte durchfeiern muss und welchen Leuten man unbedingt aus dem Weg gehen sollte. Und wenn morgen eine neue Unterhose auf den Markt kommt – Bodo trägt sie bereits heute.

Er läuft jedem Trend hinterher, und damit vor sich selbst davon.

Denn die Angst ist sehr groß, nur ja keine aktuelle Entwicklung zu verpassen. Die eigene Persönlichkeit degeneriert dabei zum Chamäleon, das seine Erscheinung ständig dem herrschenden Zeitgeist unterwirft.

Fassade ist alles, so lautet die Devise, allzu viel Charakter und Eigenwilligkeit wirken sich da eher störend aus. Wer gut ankommen will, der darf nicht anecken, dann hat er auch sein Auskommen. Wenn die Optik stimmt, kommt man überall durch.

Das alles ist nicht nur teuer, sondern auch ziemlich

anstrengend. Bodo steht ständig unter Stress; und zwar aus Sorge, irgendwo nicht mehr up to date, trendlike oder »spacig« zu sein. Man könnte ihn ja sonst für einen sozialen Ladenhüter halten, der nichts mehr auf der Pfanne hat …

So viel Leistungsdruck ist eigentlich schlimm genug. Doch der gute Bodo hat noch ein zusätzliches Problem.

Er überholt sich nämlich ständig selbst.

Herr von Spinnacker ist permanent auf der Suche nach Ideen und Aktivitäten. Darum bleibt er nie sehr lange bei einer Sache, legt seine Jobs rasch und lustlos zu den Akten wie die jeweilige Liebschaft. Auch die neuen Anzüge von Armani hängen sicher bald schon unbeachtet im Schrank, und warten dort auf die nächste Kleidersammlung.

Wer so hektisch von einem Highlight zum anderen hetzen will, der bringt es im Leben selten sehr weit. Jeder noch so hoffnungsvolle Anfang ist nämlich bereits auf Misserfolg programmiert: Wie ein Strohfeuer, das heftig auflodert, wenn es entzündet worden ist. Und ebenso rasch wieder verlöscht …

Weshalb verheizt sich jemand wie Bodo, statt sein Leben zu genießen? Wieso setzt er immer wieder aufs Spiel, was er erreicht hat? Was ist die Ursache für den permanenten Stress?

Er hat eine panische Angst davor, Verantwortung zu übernehmen.

Vielleicht musste er schon früh im Leben die entscheidende Lektion lernen. »Sei nicht unbequem und ordne dich unter, dann haben wir dich lieb!«, so oder ähnlich lautet bis heute die goldene Erziehungsregel in manchen Familien.

Hier wird jede Eigenwilligkeit mit Liebesentzug bedroht. Kein Wunder, dass viele Kinder »folgsam« und für die Eltern pflegeleichter werden. Doch diese Form allzu starker Anpassung hat ihren Preis.

Denn wer sich allen äußeren Vorgaben willfährig unterordnet, der scheut auch im späteren Leben vor eigenständigen Entscheidungen zurück. Mangelndes Selbstvertrauen und fehlende Verantwortungsbereitschaft sind die Folgen. Man könnte ja die Kritik der Umwelt und damit die emotionale Ablehnung durch die Mitmenschen riskieren.

Das wäre ein gefürchteter, weil zu hoher Preis für Individualität: Negative Ausgrenzung führt zum Alleinsein und letztlich zur Vereinsamung.

Diese ängstliche Erwartung vor solchen Sanktionen und deren Folgen versetzt viele Menschen in ständige Alarmbereitschaft; das führt zu dauerhaftem Stress.

Weshalb Bodo von Spinnacker auch kalte Füße bekommt, wenn es darum geht, Standfestigkeit und Durchhaltevermögen zu beweisen. Eigene Wege könnten schnell zur Sackgasse werden; also besser keine langfristigen Experimente!

Die unvermeidliche Durststrecke in der Karriere überfordert ihn dann ebenso wie die Entwicklung einer eigenen politischen Meinung oder die alltäglichen Anforderungen einer dauerhaften Partnerschaft. Bevor es damit allzu Ernst wird, schmeißt er lieber die Flinte ins Korn.

Bodos besondere Geheimwaffe gegen soziale Iso-

lation ist die Flucht nach vorn, und zwar in die vorauseilende Anpassung. Ist Russland der Markt von morgen? Kyrillisch ist meine Lieblingsschrift, und Dostojewski lese ich im Original. Sind lila Anzüge der letzte Schrei? Garderobe schon umgestellt. Macht man neuerdings Urlaub in Deutschland? Auf nach Rügen, ohne zu lügen.

Weil er jede Mode als erster mitmacht, hält sich Herr von Spinnacker für unangreifbar – Schickimicki surft auf allen Wellen und geht deshalb nie unter.

So glaubt er jedenfalls, während ihm immer öfter die Puste ausgeht.

Denn das tägliche Schaulaufen auf dem gesellschaftlichen Glatteis ist anstrengend und zudem riskant. Die dünne Oberfläche wird schnell angekratzt, worauf man einbricht und im kalten Wasser landet. Dann helfen auch die elegantesten Schlittschuhe nicht mehr weiter.

Disqualifiziert und ausgeschieden.

Fix und fertig.

Jeder kann sich wie Bodo von Spinnacker unter ständigen Stress setzen.

Der Weg in die Abseitsfalle ist einfach und wird von unserer Konsumgesellschaft ungemein erleichtert. Verbringen Sie die nächsten Tage vor allem mit der Beantwortung so quälender Fragen wie: Trage ich einen Anzug von Boss wie jeder dynamische Abteilungsleiter? Stammt mein Golfbesteck aus der gleichen Quelle wie das von Tiger Woods? Ist es überhaupt ratsam, die nächste Opernpremiere in Zürich zu besuchen? Und wenn ja, wohnt man dann noch im »Baur au Lac«? …

Das Etikettieren der eigenen Persönlichkeit mit erfolgreichen Marken ändert auch die menschlichen Beziehungen. Bald hat sich Ihr Bekanntenkreis radikal verändert. Sie sind nämlich nur noch von Freunden umzingelt, die ihren Wert über die modisch-trendbewusste Oberfläche definieren. Der Hohlraum dahinter bleibt versiegelt, der Rest ist Schweigen.

Doch Vorsicht! Wer hier mithalten will, der muss ständig mit dem schönen Schein glänzen – auch wenn es viel Geld und die letzten Nerven kostet.

Ansonsten fällt der ganze Etikettenschwindel auf, und das Jackett aus der letzten Saison deklassiert seinen Träger zum alten Hut. Der ganze Stress war umsonst, die jahrelange Hetze hat sich nicht ausgezahlt.

Wer sich zu sehr verheizt, der wird nicht selten zum Fall für den Notarzt, wie alle medizinischen Statistiken nachweisen. Der letzte Schrei käme dann nicht mehr aus dem Lifestyle-Magazin – sondern von unserem gestressten Zeitgenossen, dessen Herz vor den ständigen Verrücktheiten kapituliert.

Soll es denn wirklich heißen: Ab vom Acker, Herr Spinnacker?

Niemand ist dazu verurteilt, sich auf diese Weise selber in den Abgrund zu befördern.

Der Mensch ist zwar ein soziales Wesen, und deshalb abhängig von positiven Gemeinsamkeiten mit der Umwelt. Wir wollen schließlich wissen, woran wir mit denen sind, auf die wir uns verlassen und auf die wir angewiesen sind. Kompromisse im Zusammenleben sind dabei genauso wichtig wie gleiche Interessen oder Ansichten.

Aber jede Anpassung an andere darf nicht so weit gehen, dass ihretwegen das Selbstbewusstsein geopfert wird. In diesem Fall revoltiert die Persönlichkeit und erzeugt einen ständigen Stress, der auf Dauer das Fundament von Gesundheit und Wohlbefinden beschädigt.

Gerade jemand, der gut mit seiner Umgebung zurecht kommen will, sollte im Alltag die eigenen Bedürfnisse, Ziele und Interessen pflegen; regelmäßig und immer dann, wenn anderen dadurch kein Nachteil entsteht. Nur so kommt man immer wieder zu sich selbst und regeneriert die Kräfte, die für ein erträgliches Miteinander nötig sind.

Bleib lieber auf dem Boden, Bodo!

Lerne klagen, ohne zu leiden

Für Patrizia Nöselschmand ist der Fall ganz klar. Sie wird diese Unverschämtheit nicht länger hinnehmen.

Schon seit einer Stunde wartet sie darauf, dass der Notarzt endlich ins Haus kommt. Schließlich geht es ihr schlecht, und wozu ist sie wohl privat versichert?

Dabei hat Frau Nöselschmand doch keinen Zweifel daran gelassen, wie schlimm ihr Problem ist. Hat der Arzthelferin, dieser dummen Pute, am Telefon ausführlich beschrieben, wie unerträglich das Muskelzucken im Nacken ist.

Und was ist bis jetzt passiert? Nichts.

Die jungen Leute kennen überhaupt kein Mitgefühl mehr. Ganz anders als dieser nette Herr von der Baubehörde, der so entgegenkommend auf Patrizias Sorgen und Wünsche eingeht. Da ist endlich einmal jemand, der sich für sie einsetzt und ihr die nötigen Sondergenehmigungen erteilt. Auch wenn sich die Nachbarn darüber beschweren.

Immerhin ist sie gegen Erdstrahlen besonders empfindlich, und deshalb muss ihr Haus eben ganz anders gebaut werden.

Klein beigeben? O nein, da haben sich die anderen gründlich in ihr getäuscht. Patrizia Nöselschmand wird so lange auf ihre Probleme aufmerksam machen, bis man endlich Rücksicht auf sie nimmt.

Oder bis sie der Stress endgültig geschafft hat.

Es gibt Menschen, die vor Selbstmitleid zerfließen, während sie fortlaufend ihre Umwelt schikanieren.

Wenn man Patrizia beobachtet, dann stolziert sie als Mixtur aus Gekränktsein und Anspruchlichkeit durch die Gegend. Jeder soll schließlich erkennen, wie viel Zuwendung sie eigentlich verdient und trotzdem nicht bekommen hat. Dabei sucht ihr forscher Blick nach dem geringsten Anlass für eine Beschwerde, auf den sie sich dann unbarmherzig stürzt – nur so ist ja die ungeteilte Aufmerksamkeit der anderen zu gewinnen.

Davon ist sie jedenfalls überzeugt, weil sie nichts anderes kennt. Oder nicht kennen will.

Deshalb wird moniert, was nur möglich ist: das laute Lachen fremder Kinder, die Temperatur des Kalbsbratens, die Helligkeit der Sonne auf Gran Canaria ... Jeden Tag könnte man zum Opfer eines Reaktorunfalls werden, dessen tödliche Strahlung den ganzen Kontinent verseucht.

Das Dasein ist eigentlich nur fürchterlich. Also wenn das kein Grund ist, sich lebhaft zu beklagen!

Bevorzugte Opfer der jammervollen Attacken sind Oberkellner, Verkäuferinnen und unterwürfige Ehepartner; also alle, die bereit (oder von Berufs wegen gezwungen) sind, derartige Launen in Kauf zu nehmen und ihnen nachzugeben. Andere Menschen lassen sich solchen Beziehungs-Zirkus dagegen weniger gefallen. Sie zeigen Patrizia einfach die kalte Schulter und lassen sie in ihrer eigenen Galle schmoren.

Das bestärkt unsere Heldin natürlich im negativen Urteil über die Zeitgenossen. Die Leute haben einfach kein Herz für ihre Sorgen und Nöte.

So schlecht ist sie, die schnöde Welt!

Kein Wunder, dass Frau Nöselschmand immer gereizter versucht, auf sich aufmerksam zu machen. Dabei verdirbt ihr Genörgel jede gute Laune, so wie eine Vogelscheuche die Singvögel vertreibt. Und in der Tat macht es schon lange keine Freude mehr, in die Nähe dieser menschlichen Klagemauer zu geraten. Man meidet sie um so stärker, je heftiger sie ihre eigene Situation und das Leben überhaupt bejammert.

Jegliche Spekulation auf das ersehnte Mitgefühl erweist sich als sozialer Flop.

Warum bringt Patrizia nur die Mitmenschen mit penetranter Hartnäckigkeit gegen sich auf? Weshalb schießt sie so zielsicher ein emotionales Eigentor nach dem anderen? Was ist die Ursache für den permanenten Stress?

Frau Nöselschmand teilt dieses Schicksal mit einer großen Zahl von verwöhnten Einzelkindern.

Die »lieben Kleinen« haben zu Hause ständig im Mittelpunkt der Aufmerksamkeit gestanden. Doch das Monopol auf Zuwendung ließ sich nur wenige Jahre aufrecht erhalten. Spätestens in der Schule hielt das Leben eine bittere Lektion bereit: Du bist weder allein auf der Welt noch die einzig wichtige Person.

Ein tief sitzender Schock, der nur schlecht zu verarbeiten ist.

Denn Klein Patrizia hat nicht gelernt, ihren Platz an der Sonne mit anderen zu teilen oder die Widerstände und Schwierigkeiten aus eigener Kraft zu meistern. Die Lösung unangenehmer Probleme wurde ihr bislang ja stets abgenommen. Ein paar Tränen, ein trotziger Blick, ein klagender Schrei – und schon sprangen Eltern, Tanten und Großeltern, um den Nachwuchs von jeglicher Sorge zu befreien. Blähungen wurden so zur Schicksalsfrage, ein Pups führte zum Familiendrama.

An derlei Fürsorge auf Knopfdruck gewöhnt man sich gern und gibt sie daher auch nicht freiwillig auf. Weshalb Patrizia stets lieber jammerte und zeterte, als selber einen unnötigen Handschlag zu tun. Auch in späteren Jahren behielt sie diese Methode bei und setzte so der Umwelt die Daumenschrauben an.

Da wurde dann die Migräne zum dramatischen Kabinettstück hochstilisiert, um die Bearbeitung von langweiligen Akten zu »delegieren« ... Umweltprobleme dienten als Ritualzubehör für depressive Dämmerstunden, in denen deshalb »leider« die Aussprache über familiäre Probleme unmöglich ist ... Das genervte Stirnrunzeln von Postboten und Metzgersfrau nährte gar den Verfolgungswahn; wenn die anderen so böse Absichten haben, dann ist es leicht, ihnen auch die Schuld für die eigene Unbeliebtheit zuzuschieben ...

Die Botschaft ist in allen Fällen ebenso eindringlich wie rabiat: Kümmert Euch endlich um mich, das ist doch Eure Pflicht!

Eine immer wieder erfolgreiche, wenn auch recht anstrengende Strategie. Wer seine Mitmenschen mit theatralischen Auftritten dienstbar und gefügig zu machen versucht, der steht unter permanenter Hochspannung – und verfehlt mit diesem Lamento trotzdem den tieferen Zweck der Übung. So lassen sich weder Beliebtheit noch Zuneigung, geschweige denn Liebe erzwingen.

Die große Sehnsucht, die hinter Patrizias Verhalten steckt, wird kaum in Erfüllung gehen. Denn die aus Kindertagen vertraute Mischung aus Vergötterung und Bemutterung ist um nichts auf der Welt wieder zu bekommen. Die Zeit dafür ist vergangen, die Chancen sind vorbei.

Doch es darf eben nicht sein, was sie nicht will.

Also wird das kleine Kind von 46 Jahren weiter trotzig auf seinen damaligen Privilegien bestehen; wird in die Klagsamkeit flüchten, die Mitmenschen schikanieren, und lieber unbeliebt als unbeachtet sein. Und sich und andere damit verrückt machen.

Was hat sie sonst vom Leben?

Eben.

Jeder kann sich wie Patrizia unter ständigen Stress setzen.

Die ersten Schritte dorthin sind schnell getan. Unsere Welt ist schließlich voller Unzulänglichkeiten, die förmlich nach Kritik schreien. Reklamieren Sie in den nächsten Tagen die vielen kleinen Mängel des Alltags; wie die fehlenden 6,427 Gramm beim abgepackten Putenschnitzel, den leichten Grauschleier im Schriftbild des Geschäftsberichts oder die Religionszugehörigkeit der Putzfrau.

Als nächstes ist aufmerksame Zeitungslektüre angezeigt, gern auch die Beobachtung von Sensationsmagazinen im Privatfernsehen. Täglich findet sich hier genügend Stoff, um tiefe Einblicke in die Abgründe des Daseins zu werfen. Stellen Sie sich plastisch vor, wie ihr eigenes Leben in Mitleidenschaft gezogen wird: Kakerlaken marschieren durch das Hotelzimmer ... Neue Computer-Viren legen Fernseher, Spülmaschine und Auto lahm ... Ein Erdbeben zerstört den Kölner Dom samt Ihrem Reihenhäuschen ...

Spätestens in diesem Trainingsstadium sollte es zu gelegentlichen Beklemmungen, depressiven Stimmungsschwankungen und Schlafstörungen kommen.

Jetzt endlich sind Sie wirklich reif für praktische Übungen nach der Devise: »Fühl' Dich schlecht und rede drüber!« Bei jeder Gelegenheit dürfen Ihre Mitmenschen erfahren, wozu sie eigentlich auf der Welt sind – nämlich um Ihnen Ihr trauriges Schicksal zu erleichtern, statt ungehemmt den eigenen Egoismus zu pflegen.

Wozu denn sonst?!

Machen Sie nur so weiter. Irgendwann ist der Tag gekommen, an dem Sie sich und anderen den letzten Nerv getötet haben. Endgültig.

Dann heißt es: Ausgebrannt, Frau Nöselschmand.

Niemand ist dazu verpflichtet, sich so sinnlos aufzureiben.

Natürlich sollte man die Augen vor den vorhandenen Problemen nicht verschließen; nur dann sind auch die Klippen und Untiefen des Lebens rechtzeitig zu erkennen. Ein erfüllter Alltag verlangt aber genau so die Fähigkeit, den Augenblick zu genießen, selbst wenn nicht alles makellos ist.

Manchmal muss man eben »Fünfe gerade sein lassen« und über kleine Unzulänglichkeiten hinwegsehen, um nicht ständig unter Stress zu stehen. Die kleinen Glücksmomente sind einfach nötig, damit Wohlbefinden zustande kommt, und zwar Tag für Tag. Eine andere Dosierung ist nicht gesund, gelegentliche Streicheleinheiten bleiben ohne nachhaltige Wirkung.

Dass wir uns in schwierigen Augenblicken die Unterstützung durch andere wünschen, ist vollkommen in Ordnung. Mindestens so wichtig ist es aber auch, eigene Wege zu gehen, ohne ständig fremde Hilfe zu fordern. Erst dann wächst Selbstvertrauen an Stelle von Hilflosigkeit, besiegt Lebenslust den Daseinsfrust.

Das wär' es ja, Patrizia.

Mein Name ist Taube,
ich sitz' auf dem Dach

Professor Canisius Ölschlegel ist eine Kapazität ersten Ranges.

Überall wird sein Rat geschätzt, denn er legt immer wieder den Finger in die offenen Wunden des Zeitgeschehens. Hinter vorgehaltener Hand nennt man ihn gern die »Kassandra von Kassel«. Zwar mit einer Spur von Ironie, aber stets mit Respekt.

Den er sich ja wohl auch verdient hat.

Immerhin warnte er zu Recht und bereits sehr früh vor den Folgen der deutschen Einheit, der Verschlechterung des Wüstenklimas und den Angriffen der tasmanischen Wanderheuschrecke. Niemand ist so weitsichtig wie er in der Offenlegung aller denkbaren Schwachstellen, auf welchem Gebiet auch immer.

Um so empörender sind diese Flugblätter, die neuerdings verteilt werden. Er, Professor Ölschlegel, wäre ein ständiger Neinsager, dem nichts Produktives einfallen und der immer nur ein Haar in der Suppe suchen würde. Was er denn überhaupt an Positivem zu bieten hätte?

Ja, ist das denn seine Aufgabe?

Nein, und nochmals nein! Er wird so lange mahnend auf die Gefahren des Zeitgeistes hinweisen, bis man endlich begreift, dass Vorsicht wichtiger als jeder Fortschritt ist.

Oder bis ihn der Stress endgültig geschafft hat.

Es gibt Leute, die aus ihrer Unentschlossenheit ein Erfolgsrezept machen.

Sie stellen einfach alles in Frage und warten darauf, wie der Rest der Menschheit damit zurechtkommt. Canisius Ölschlegel entwickelte darin bereits während des Studiums beachtliche Fähigkeiten. Seine Abschlussarbeit zur »kritischen Theorie der Fragwürdigkeit« wurde mit Auszeichnung bewertet.

Danach war die glanzvolle Universitätskarriere nicht mehr aufzuhalten.

Professor Ölschlegel brillierte fortan als gefragter Sonntagsredner, auch die Medien griffen gern auf ihn zurück. Jedes Thema konnte er mit bohrenden Fragen in Grund und Boden monologisieren; und seinen jeweiligen Diskussionspartnern zog er mit rhetorischen Winkelzügen den Boden unter den Füßen weg – sehr zur Freude des jeweiligen Publikums.

Jedenfalls, so lange die Opfer noch in der Minderheit waren.

Mit der Zeit stieß Canisius aber jeden vor den Kopf, der Rang und Namen hatte. Darauf hin tat man das, was für alle am ungefährlichsten war: Man lobte den notorischen Störenfried überall weg.

Er übernahm im Auftrag der Bundesregierung den Vorsitz der unbedeutenden »Kommission für süffisante Ethik«, durfte auch in einer namhaften Wochenzeitung seine stichelnden Kommentare publizieren. Zum Muttertag veröffentlichte er jährlich das »Bulletin über die Lage des deutschen Veilchens«. Und weiter noch breitete er in verschiedenen Talkshows seine selbstgefälligen Pointen aus.

Doch seine Waffen stumpften immer weiter ab.

Die Mitmenschen erwarteten von ihm gar nichts anderes als negative Kommentare, und sie nahmen das akademische Gezeter längst nicht mehr ernst. Wer alles ins Lächerliche zieht, dessen Witz ödet auf Dauer an.

Unser Professor verfiel deshalb immer häufiger in öffentliches Selbstmitleid. Pikiert inszenierte er seinen Unmut vor laufenden Kameras, den beleidigten Kräuselmund zur Klage über die allgemeine Undankbarkeit gespitzt. Vor allem, als er für den Posten des Direktors der »Kunz von Schleimhobel-Stiftung« kandidierte und ohne Befürworter mit Glanz und Gloria scheiterte.

Da war der Jammer groß.

Doch die wehleidige Pose stieß auf Gleichgültigkeit, sie löste sogar Schadenfreude aus.

Man hatte ihn einfach über.

Weshalb provoziert jemand so hartnäckig seine soziale Isolation? Warum macht er sich derart viele Leute zum Feind? Was ist die Ursache für den permanenten Stress?

Man sollte meinen, dass Professor Ölschlegel ein angriffslustiger Typ ist.

Doch das sieht nur so aus.

Was hier aggressiv und forsch erscheint, ist in Wirklichkeit ein raffiniert getarntes Täuschungsmanöver. Niemand soll merken, dass da einer um sich beißt, der Angst vor der Umwelt hat.

Viel zu viel Angst, wie seine heftigen Reaktionen verraten.

Der gute Canisius ist nämlich eine empfindsame

Seele mit schwächelndem Selbstbewusstsein. Ein Mensch, der dauernd befürchtet, von anderen untergebuttert und verletzt zu werden. Was er vielleicht auch häufiger erfahren musste, bevor er seine Art des Selbstschutzes entdeckte – die rhetorische Bloßstellung aller potenziellen Gegner.

Das Erfolgsrezept dieser Strategie war denkbar einfach: Wer viele trifft, wird selber nicht bedrängt. Und kann sich in Ruhe ansehen, wie die anderen ihre Wunden lecken.

Deshalb die Flucht auf das Dach des akademischen Elfenbeinturms. Von dort oben und unter dem ehrenwerten Deckmäntelchen des Professors konnte Canisius Ölschlegel ziemlich gefahrlos über andere herfallen; Kollegen in die Pfanne hauen, Politiker an den Pranger stellen und Konkurrenten der Lächerlichkeit preisgeben.

Alles in wissenschaftliche Floskeln verpackt, um den Schein der Seriosität zu wahren und den Sarkasmus hoffähig zu machen. Nicht alles ist eben ein Gutachten, worauf »Gutachten« steht; und Gutartigkeit ist dabei ohnehin nicht gefragt, wie Canisius immer wieder gern und häufig unter Beweis stellte.

Aber solche permanenten Rundumschläge gehen gleich mehrfach an die Substanz. Sie schaffen Feinde, untergraben die eigene Glaubwürdigkeit und kosten sehr viel Kraft. Besonders dann, wenn einen die Angst zum aggressiven Zyniker macht.

Wer Professor Ölschlegel genauer betrachtet, dem fällt etwas Besonderes auf: Dieser Mann scheint ständig zu schwitzen.

Feine Schweißperlen bedecken die Stirn, wenn er

einen seiner Auftritte hat. Auch der Händedruck ist feucht, wie bei vielen Menschen, die am liebsten davon laufen möchten und es doch nicht schaffen.

Also beißt er ständig um sich. Und kann einfach keine Ruhe geben.

Bis zum bitteren Ende.

Jeder ist in der Lage, wie Canisius Ölschlegel unter ständigem Stress zu leiden.

Die ersten Schritte sind schnell gemacht. Mit etwas gutem Willen wird es Ihnen gelingen, in den nächsten Tagen Ihre persönliche Abschussliste zusammenzustellen. Denken Sie dabei an den Kollegen Mahlzahn aus Zimmer 312, der bei jeder Besprechung ins Stottern kommt … an Frau Biesecke, die nicht mehr weiter weiß, wenn man ihr auf den Busen starrt … oder den Volvo-Fahrer aus dem Nachbarhaus, der sich beim Einparken so dämlich anstellt …

Nach dieser Vorbereitung kommen die praktischen Übungen. Nutzen Sie jede Gelegenheit, die Betreffenden bloßzustellen, möglichst vor Publikum und begleitet von einem hämischen Grinsen. Sehr nett sind Bemerkungen wie: »Wieder 'mal schlecht vorbereitet, Malzahn?« – »Müssen Sie sich als Frau eigentlich diesen Karrierestress antun?« – »Den Führerschein wohl auf den Caiman-Inseln gekauft, was? Hähähä!«

Schon bald tritt die erwünschte Wirkung ein.

Ihre Opfer werden zur Zielscheibe für andere, denn man belächelt gerne die Schwächen und Unbeholfenheiten der Mitmenschen. Schadenfreude ist bekanntlich die beste Freude, und hier haben Sie ja einiges an Pointen zu bieten.

»Achtung, Kollege Mahlzahn ist zum Moorhuhn-Schießen freigegeben!«

Wie witzig.

Allenthalben wird in kurzer Zeit über Ihr loses Mundwerk gesprochen. Am Anfang belustigt, später respektvoll und schließlich empört.

Auf Dauer wollen nämlich nur noch Misanthropen und Rüpel etwas mit Ihnen zu tun haben. Der Rest der Menschheit ist dagegen froh, einem derart unangenehmen Zeitgenossen aus dem Weg gehen zu können. Man würde ja über kurz oder lang selber zum Ziel eines verletzenden Angriffs.

Das allgemeine Urteil fällt eindeutig und vernichtend aus: Sie sind ein Flegel, Ölschlegel.

Niemand ist gezwungen, seine soziale Anerkennung auf so destruktive Weise zu gefährden.

Wer andere lächerlich machen will, um ernst genommen zu werden, der erringt im besten Fall einen Pyrrhus-Sieg – der Erfolg des Augenblicks ist zu teuer erkauft. Die Unterlegenen geben zwar klein bei, doch sie warten auf den Augenblick der Rache. Und ihr Gedächtnis funktioniert ausgezeichnet …

Wir alle haben kleine und große Schwächen, die jedem vertraut sind, der näher mit uns zu tun hat. Im Zusammenleben kommt es deshalb darauf an, niemanden unnötig zu verletzen und vor allem menschlich nicht zu beschädigen. Man könnte nämlich auf dessen Unterstützung eines Tages angewiesen sein. Und was dann?

Es ist keine Kunst, dem anderen Schmerz zuzufügen, wo er aus Vertrauen seine Blößen offenbart.

Nur gegenseitiger Respekt macht in Beziehungen stark. Er hilft den Mitmenschen, ihr Gesicht zu wahren, und bewahrt die eigene Persönlichkeit vor Vereinsamung in sozialer Kälte.

Ein guter Schluss, Canisius.

Sehnsucht kommt
vor dem Fall

Laura Lotterbeck mischt überall mit.

Sie wusste doch immer, wo die Musik spielt und an wen man sich halten muss, um zu den Gewinnern zu gehören. Kein Zweifel, oder?

Schon in der Schule ließ sie nichts anbrennen. Sie mischte alle Feten auf, war beim Skilaufen kein Kind von Traurigkeit und ging mit den »Burning Eagles« auf jeden Gig.

Immer ein waches Auge für den nächsten Kick.

Anders als die kleinen Mäuschen aus ihrer Klasse, die nur Händchen hielten und von trauter Zweisamkeit im Eigenheim träumten.

Nein, für Laura kam so ein Spießerdasein einfach nicht in Frage. Das Leben hatte Besseres mit ihr vor, da war sie sich ganz sicher.

Einige Jahre lang lief alles auch hervorragend. Sie war der Geheimtipp im Fahrerlager der Formel 1, bei Filmfesten und in mediterranen Yachtclubs.

Bis sie an diesen Fußballtrainer geraten ist, der sie Weihnachten in der Wäschekammer geschwängert hat.

Jetzt sitzt sie da, ohne Geld und mit dem Kind am Hals. Na, und?

Jeder hängt mal auf einer Durststrecke durch. Aber irgendwann geht es wieder aufwärts!

Sie wird so lange am Ball bleiben, bis es keine verpassten Gelegenheiten mehr gibt und ihr das Leben eine fette Dividende zahlt.

Oder bis sie der Stress endgültig geschafft hat.

Menschen wie Laura werden ein Opfer ihrer Gier nach Bedeutung.

Sie wollen mitnehmen, was das Dasein zu bieten hat, und geben sich nicht mit dem Glück in kleiner Münze zufrieden. Es könnte ja bei nächster Gelegenheit noch besser kommen; ein berühmterer Mann, ein besserer Liebhaber, ein reicherer Erbe, am besten alles in einer Person ...

Der ganz dicke Fisch.

Andere haben doch auch einen von der Sorte an Land gezogen. Warum sollte ausgerechnet sie darauf verzichten?

Aber der große Treffer fällt niemandem umsonst in den Schoß, das ist auch Laura klar. Also heißt es: überall dabei und allzeit bereit zu sein.

Darum tummelt sie sich auf den bekannten Schauplätzen der Schickeria. Frau Lotterbeck wird bei der Rennwoche in Iffezheim gesehen, besucht die Versteigerung von herzoglichem Tafelsilber in Baden-Baden und hält ihren Logenplatz beim Wiener Debütantinnenball. Sucht dort mit hartem Blick die Umgebung nach attraktiven Chancen ab und taxiert die anwesenden Männer auf ihren Marktwert.

Was unterm Strich zählt, das sind Prominenz, Potenz und Vermögen. Möglichst viel von allem, und vor allem mehr davon als bei ihrem jeweils aktuellen Begleiter.

Laura macht bei alledem eine gute Figur. Sie gehört

weiß Gott nicht zu denen, die mit ihren Reizen geizen, hält sich aber so weit zurück, dass sie reizvoll bleibt. In angenehmer Gesellschaft plaudert sie gefällig, und sie gefällt durch ihr offenes Lächeln. Eben ein rundum einnehmendes Wesen ...

... wenn nur diese kalten Augen nicht wären. Die unbarmherzig weiter wandern, sobald das Objekt der bisherigen Aufmerksamkeit nicht (mehr) genügend Profit verspricht. Mit raschen Konsequenzen: den alten Partner abservieren, dafür nichts wie hin zum neuen Mann für bessere Gelegenheiten.

Und lächeln, lächeln, verheißungsvoll lächeln. Es muss schließlich weiter aufwärts gehen.

Aber der Abstieg ist bereits vorprogrammiert.

Die gesellschaftliche Elite geht vor Laura Lotterbeck in Deckung. Denn die hat längst das Image einer zielstrebigen Abstauberin, was sie unweigerlich zum Spielball von Hochstaplern und Schaumschlägern macht. Man nutzt ihren Ehrgeiz, um sie zu benutzen.

Weshalb steuert jemand so zielsicher in den moralischen Bankrott? Warum wird da ein Leben lang nach dem falschen Glück gesucht? Was ist die Ursache für den permanenten Stress?

Laura flüchtet ständig vor sich selbst, und das aus traurigem Grund.

Sie leidet unter ihrem mangelhaften Selbstwertgefühl. Deshalb war sie auch stets bemüht, die eigene Persönlichkeit durch Erfolgstypen an ihrer Seite aufzuwerten. Ob Baulöwe oder Blaublütler, Tenniscrack oder Talkmaster – in Lotterbecks Lover-Galerie fand alles seinen Platz.

Aber die zweibeinigen Eintrittskarten in die große Welt taugen nicht als Gütesiegel für die eigene Persönlichkeit. Diese Erfahrung muss jeder machen, der auf diesem Umweg zu größerer Selbstachtung kommen und mehr Beachtung finden will. Der Kontostand des Partners repariert nämlich keine Charakterschwächen, das angeheiratete Reihenhaus macht selten sexy, der teure Logenplatz in der Staatsoper ist weder ein Beweis für Bildung noch für Bedeutung …

Schlimm für alle, die trotzdem daran glauben und darauf bauen. Ihre gesellschaftlichen Aktien werden fallen, denn keiner kauft ihnen die Show auf Dauer ab.

Verspekuliert.

Doch echte Zocker geben niemals auf. Sie setzen wie Laura weiterhin auf das falsche Pferd. Und sie selbst muss es auch tun. Wie soll denn sonst ihre öffentliche Aufwertung gelingen?

Deshalb meidet sie dauerhafte Bindungen. Bleibt ständig auf der Suche nach Partnern, die reich, potent und prominent sind. Um diese wirbt sie so, wie es in der Kindheit zwischen ihr und den Geschwistern üblich war. Wer einen Platz an der Sonne sucht, der muss sich eben bei den Richtigen beliebt machen.

Beim nächsten Typ wird alles noch viel besser, lautet die Zukunftsvision. Ständig am Mann bleiben, nicht zu schnell zufrieden sein und bloß nicht zu früh aufgeben!

Beziehungsstress als Psycho-Droge.

Wer Partnerschaften so benutzt, der bekommt allerdings auch die gleichen Probleme wie jeder Junkie: Er braucht immer mehr vom Stoff, der immer schlechter und kürzer wirkt, und der vor allem abhängig macht.

Dann treffen sie eines Tages unweigerlich aufeinander; die zwei Menschen, die zueinander passen wie Schloss und Schlüssel: Unsere Laura, die sich ständig dem Meistbietenden anbietet – und Supertrainer Harry, der auf seinen Fischzügen alles mitnimmt, was abzustauben ist.

Und die Folgen?

Lauras unersättlicher Traum vom großen Glück endet in einer Besenkammer. Sie hat mit Zitronen gehandelt und wird versauern.

Kehraus und fertig.

Jeder kann sich wie Laura Lotterbeck unter ständigen Stress setzen.

Alles beginnt mit einer wichtigen Entscheidung. Nämlich der, ab sofort den eigenen Wert nur noch über andere Personen und Institutionen zu bestimmen. Danach würde etwa das Abonnement bei den Salzburger Festspielen Ihren hohen Bildungsgrad, die Zugehörigkeit zum Golfclub dagegen Ihre gesellschaftliche Extraklasse beweisen.

Meiden Sie des weiteren unbedingt den Kontakt zu Personen, die ebenso durchschnittlich und normal sind wie Du und Ich. Unter seinesgleichen bleibt nämlich jeder ein gewöhnliches Individuum und stellt einfach nichts Besonderes dar. Damit sollte jetzt Schluss sein, Sie haben Besseres verdient.

Pflegen Sie darum in Zukunft nur noch die Beziehung zu Menschen, mit denen sich gehörig Staat machen lässt – den Abgeordneten des Wahlkreises, die erste Vorsitzende des Handballvereins, den Sologeiger des Kurorchesters ... Ihrer Phantasie sind keine

Grenzen gesetzt: Hauptsache vermögend, berühmt oder einflussreich.

Bald weiß jeder, dass Sie solche Kontakte bitter nötig haben und zur Gattung der opportunistischen Schleimer gehören. Deshalb wird Sie dankbar ausnützen, wer Ihre Dienste brauchen kann. Alle anderen aber gehen Ihnen mit Begeisterung aus dem Weg.

In dieser Lage könnte man zwar versuchen, mehr Eigenständigkeit an den Tag zu legen und persönliches Profil zu zeigen. Doch Ihr schlechter Ruf wird Sie Lügen strafen.

Hat keinen Zweck, Frau Lotterbeck!

Niemand ist gezwungen, sich so schmerzlich zu verleugnen.

Fremde Vorbilder können ein Ansporn sein, um die eigene Entwicklung in positive Bahnen zu lenken und auf dem Weg zum Ziel nicht zu schnell aufzugeben. Die Orientierung an den Erfolgen anderer Menschen wirkt auch als gute Medizin gegen zweifelnde Grübelei oder ängstliche Selbstbeschränkung. Denn ihre Botschaft lautet: Es ist lohnend, am Ball zu bleiben und auf Zukunft zu setzen!

Wer sich aber hinter anderen versteckt, um an Bedeutung zu gewinnen, der wird in Wirklichkeit immer hilfloser – und damit zum Schatten seiner selbst. Ohne Selbstachtung sind nämlich weder Lebensqualität noch persönliches Wachstum möglich. Jeder von uns hat schließlich als Individuum seinen unverwechselbaren und unzerstörbaren Wert; und zwar ganz gleich, wie unvollkommen und fehlerhaft wir ansonsten sind.

Bei aller notwendigen Selbstkritik kommt es darauf an, die positiven Seiten des Ich zu pflegen und wertzuschätzen. Der ständige Stress durch Fremdbestimmung und Leistungsdruck wird nur dann ausgeglichen, wenn genügend Zeit für die Erhaltung des Seelenfriedens bleibt. Man muss sich mögen, um sich auszuhalten und durchzuhalten: Deshalb jeden Tag eine gute Tat für die eigene Persönlichkeit!

Das gibt eine gute Aura, Laura.

Im Paradies sind
keine Zimmer frei

Isidor Rauschenbach hat seine besten Zeiten längst hinter sich. Obwohl es ihm noch immer niemand ansieht.

Jedenfalls nicht auf den ersten Blick und bei Kneipenlicht. Da macht er nach wie vor eine gute Figur.

Und erst, wenn er von den alten Zeiten erzählt!

Von damals, als er lange vor den ersten Touristen zum Tauchen auf den Seychellen war ... als man ihn zum Reiseleiter für alternative Trips durch die Anden gemacht hatte ... und als er zu den ersten Europäern gehörte, die in einem tibetanischen Kloster zum Tantra-Lehrer ausgebildet wurden.

Dann ist Isidor ganz in seinem Element, schwelgt in Erinnerungen und vergisst für ein paar Stunden die graue Gegenwart.

Die Taxifahrten, mit denen er sich mühsam über Wasser hält. Und das kleine Zimmerchen, in das er nach seinen Kneipentouren flüchtet.

Gut, dass niemand von den Zuhörern etwas davon ahnt, wenn er seine Anekdoten zum Besten gibt und dafür von ihnen freigehalten wird.

An solchen Abenden beschließt er spätestens nach dem zehnten Freibier, eines Tages wieder auf die Seychellen zu fahren. Er wird eben so lange weiter jobben, bis das Geld für ein Ticket reicht.

Oder bis ihn der Stress endgültig geschafft hat.

Jemand wie Isidor will ständig in die Vergangenheit zurück, weil er nicht mehr an die Zukunft glaubt.

Deshalb blättert er auch so gern in den Episoden von damals und ertränkt die Gegenwart in Alkohol; am liebsten vor einem spendierfreudigen Publikum. Promille um Promille löst sich da die Zunge. Seine Phantasie geht auf Zeitreise, und die schönsten Stories sprudeln aus ihm heraus. Für ein paar Stunden wird dann die verräucherte Kneipendecke zum Tropenhimmel, der Hinterausgang zum tibetanischen Tempeltor.

Und Isidor bechert fleißig weiter.

Die kleinen Bierchen betäuben den kritischen Verstand und lassen den trostlosen Alltag im Nebel verschwinden. Sie sind der eigentliche Stoff, aus dem Rauschenbachs Träume sind. Glas für Glas, im Dutzend billiger.

Im Verlauf des Abends erleben die Zuhörer stets die gleiche Entwicklung. Jedenfalls seit einigen Monaten. Isidors Geschichten werden allmählich immer abenteuerlicher, während seine Stimme zunehmend in einen schleppenden Singsang verfällt. Irgendwann verstummt der Erzähler ganz plötzlich, stiert noch mit einem langen, verschwommenen Blick in die Runde – und sinkt über dem Bier zusammen.

Dann wird es Nacht im Himalaja.

Black Out.

Auf diesen Augenblick haben gute Freunde bereits gewartet, und sie bringen den Zecher wie gewohnt nach Hause. Sie mögen ihren Kumpel. Im nüchternen Zustand ist er nämlich ein guter Kerl, der zwar etwas viel herumlabert, aber das Herz auf dem rechten Fleck hat. Einer, mit dem man Pferde stehlen könnte.

Nur vielleicht etwas zu weich, wie manche meinen. Er kann sich einfach nicht entscheiden.

Es dauert eine Ewigkeit, bis er weiß, was er will. Ob man zum Frühstück besser Mohnbrötchen oder lieber Laugenhörnchen nehmen soll … Ob er jetzt den neuen Job annehmen oder doch bis zum nächsten Angebot warten und bis dahin von der Stütze leben will … Ob es zwischendurch ein Calvados oder gleich das fünfte Pils sein darf … Das alles muss doch gründlich überlegt werden!

Dabei zwirbelt Isidor den ehedem so gepflegten Vollbart, der viel über den kargen Speiseplan und den vergangenen Glanz seines Besitzers verrät.

Nur in einem Punkt gibt es für ihn kein Zaudern und Zögern: Wenn die Stammkneipe aufmacht, dann steht unser Freund pünktlich auf der Schwelle. Nach einem anstrengenden Tag schmeckt das erste Bierchen am besten. Wirtschaftswissenschaft ist eben das einzige Studienfach, das einem wirklich etwas bringt. Na denn, Prost!

Warum ertränkt jemand die ganze Zukunft im Alkohol? Wieso gelingt es ihm nicht, das Leben in positive Bahnen zu lenken? Was ist die Ursache für den permanenten Stress?

Hier scheitert einer, der einmal auf der Sonnenseite begonnen hat.

Ihm fiel Vieles leicht und das Meiste zu. Er musste sich nicht sonderlich anstrengen, um in der Schule über die Runden zu kommen. Die Mädchen mochten den lockeren Typ, der von Natur aus sportlich und fröhlich war.

Es lief einfach alles gut.

Der Ernst des Lebens holte Sunnyboy Isidor auch während der Ausbildung nicht ein. Er nahm alles mit links und machte sich ansonsten einen Lenz.

Und er war mit dabei, wenn es Neues zu erfahren gab. Nicht nur im Dunstkreis des elterlichen Kochtopfs, sondern draußen in der Welt und sogar abseits der ausgelatschten Touristenpfade: in den Schwitzhütten der Indianer, bei den Tänzen der Derwische, bei den Ritualen des tantrischen Buddhismus.

Doch irgendwann kam dann der harte Schnitt.

Isidor Rauschenbach war gerade 28 Jahre alt geworden, als ihn die Karriere in die Mangel und in die Pflicht nahm. Da wurden die Karten neu gemischt, und das warf ihn aus der Bahn.

Denn die tägliche Tretmühle mit ihren Akten, Kontakten und Terminen war überhaupt nicht sein Fall. Sie ging ihm sogar gewaltig auf den Geist und gegen den Strich – Kohle ja, aber bitte ohne den permanenten Stress.

Also zum alternativen Aussteiger werden? Nein, danke.

Die Ausflüge in andere Kulturen, sie sollten eigentlich nie auf Dauer sein. Das waren Rucksacktouren gewesen, spirituelle Ausbruchsmanöver mit zeitlichem Limit; ab zu den Pygmäen und wieder raus aus dem Busch, die Rückkehr ins gut bürgerliche Milieu garantiert.

Wo war sie nur geblieben, diese tolle Mischung aus Freiheit und Abenteuer? Voll Wehmut denkt Isidor an die alten Zeiten zurück, während er notgedrungen den beruflichen Verpflichtungen nachkommt. Es darf doch nicht alles vorbei sein …

Die graue Wirklichkeit macht ihn krank, er hält ihren Druck nicht aus.

Dann legt er die Platten von damals auf, spielt Ravi Shankar oder Scott McKenzie, überdeckt die Vergangenheit mit Blattgold – und zieht sich sein Bierchen rein. Erst eins, dann zwei, öfter drei und bald mindestens vier …

Immer häufiger fällt ihm auch die Decke auf den Kopf, worauf es ihn in die Kneipe zieht. Dort findet er bestimmt jemanden, der sich seine Geschichten anhört, damit er in den Erinnerungen aufleben kann. Wo er noch einmal der tolle Typ von damals ist.

Aber die Zeit macht den Schwindel nicht mit.

Sie geht weiter, ohne den Traumtänzer mitzunehmen. Und lässt ihn auf der Straße liegen.

Jeder kann sich wie Isidor Rauschenbach unter ständigen Stress setzen.

Der Anfang ist schnell gemacht und fällt im übrigen mit dem Älterwerden immer leichter. Richten Sie ab sofort den Blick rückwärts, um Ihrer strahlenden Jugend nachzutrauern – ganz gleich, ob diese wirklich so glänzend gewesen ist: Waren da nicht die heißen Nächte nach der Tanzstunde, das Survival-Camp im Glottertal, die Spritztouren mit dem geklauten Mofa …?

Ein Gläschen Prosecco, Altbier oder Grappa sorgt dabei für die richtige Stimmung. Es darf auch gerne etwas mehr sein, damit die nostalgischen Augenblicke nicht so schnell vorüber sind. Danach kommt sowieso der Alltag mit seiner trostlosen Eintönigkeit. Wozu also beeilen …

Außerdem sollten Sie die Mitmenschen so oft wie möglich an Ihren Erlebnissen teilhaben lassen. Auch dann, wenn die anderen Ihnen anfangs nicht richtig zuhören wollen. Man wird im Lauf der Stunden schon merken, was für ein toller Hecht Sie einmal gewesen sind!

Bald sind Sie überall als veritables Labermaul bekannt. Als jemand, der gerne einen über den Durst trinkt und der ansonsten mit seinem Leben nicht fertig wird.

Ein paar Dumme gibt es immer. Irgend welche Leute, die Sie zum Bier einladen und sich die ewig gleichen Geschichten auch bei der x-ten Wiederholung noch geduldig anhören. Allerdings wird die Zahl der möglichen Opfer immer kleiner. Sie haben schließlich allmählich alle Kandidaten durch.

Und sonst?

Außer Spesen nichts gewesen.

Nur Weh und Ach, Herr Rauschenbach.

Niemand muss im Sumpf des Selbstmitleids stecken bleiben.

Jede Lebensgeschichte hat ihre Glanzlichter; jene glücklichen Begegnungen und Ereignisse, die keiner missen will und die uns niemand nehmen kann. Doch solche Augenblicke gehen leider unweigerlich vorüber. Denn die Zeit bleibt niemals stehen, wie wir alle wissen.

Was bleibt, ist die Erinnerung. Der Rückblick auf

positive Erfahrungen ist dabei wichtiger als die ständige Besinnung auf alte Missgeschicke oder Enttäuschungen. Der Grund dafür ist klar: So, wie jemand seine Biografie sehen will, so fühlt er sich.

Auch die schönste Anekdotensammlung ist kein Ersatz für die vitale Gegenwart. Wer Antiquitäten pflegt, statt seine täglichen Chancen zu nutzen, der wird schon bei Lebzeiten zum Fossil. Deshalb ist das Heute entscheidend, um festzulegen, was wir jetzt aus uns machen.

Sei kein Tor, Isidor.

Zweiter Teil

Unbeweglich, aber mit Gefühl
oder: Wenn der Stress zur Lähmung
führt

Tot gestellt ist halb gewonnen

Edeltrud Kläglich hat wieder einmal nichts mitbekommen.

Da muss sie heute ihren Stuhl für die Zickmeyer vom Marketing räumen, die plötzlich die große Chefin spielt.

Diese ehrgeizige Pute mit null Ahnung.

Seit Jahren rackert sie sich ab, um dann dieses Fiasko zu erleben. Wem verdankt man denn eigentlich die tolle Werbekampagne für die neue Tütensuppe? Edeltrud, unserem »besten Pferd im Stall«.

Wer hat denn für die Kollegen den Kopf hingehalten, als das Hundefutter-Projekt in die Hose ging? Edeltrud, die »Seele vom Geschäft«. Etcetera, etcetera …

Und jetzt das! Als ob keiner sie ernst nehmen würde. Dabei kann man doch wirklich über alles mit ihr reden. Aber nein, sie erfährt immer als letzte, wenn etwas Wichtiges gelaufen ist.

Hat andererseits ja auch seine Vorteile.

Was ich nicht weiß, das bringt mich nicht in Schwierigkeiten, das war immer schon ihr Motto. Und sie ist gut damit gefahren. Im Lauf der Jahre tauchte schließlich schon so mancher auf, der überall groß mitmischen wollte und damit gründlich auf den Bauch gefallen ist.

Nein, lieber Patiencen legen als sich aufregen. Den

Ärger ab und zu einfach wegstecken, bis in ein paar Jahren ohnehin die Rente winkt.

Oder bis sie der Stress endgültig geschafft hat.

Menschen wie Edeltrud ignorieren Beziehungsprobleme, um alles Unangenehme von sich abzuschütteln.

Auf den ersten Blick fahren sie auch gut damit und überleben im Beruf beinahe jede Unternehmenskrise. Sie sind immer noch da, wenn bereits zum fünften Mal die Geschäftsführung wechselt und die meisten ihrer ehemaligen Kollegen längst nicht mehr dazu gehören; entweder, weil sie aus Verzweiflung das Handtuch geworfen haben oder wegen chronischer Magengeschwüre die vorzeitige Rente beantragen mussten.

Nicht so Frau Kläglich.

Sie scheint es geradezu als sportliche Herausforderung zu empfinden, allen Unsinn hinzunehmen.

Wirft die Firma bewährte Produkte aus dem Lieferprogramm und setzt statt dessen auf exotische Ladenhüter – Edeltrud begrüßt jede Innovation. Plant der Juniorchef eine kundenfeindliche Vertriebspolitik – Edeltrud liebt den frischen Wind am Markt. Zerstört eine Unternehmensberatung die letzten Reste von Arbeitsfrieden und Leistungsmotivation – Edeltrud dankt für die wertvollen Impulse.

Man kann sie einfach nicht so tief sinken lassen, dass sie endlich einen Schlussstrich zieht. Sie bleibt da, wo sie hingesetzt wird, und macht mit.

Macht einfach alles mit. Voll begeistert, wenn auch mit zwiespältigem Erfolg.

Denn ihr unerschütterlicher Opportunismus fällt bei den falschen Leuten auf fruchtbaren Boden. Eine solche Einstellung zieht nämlich die Glücksritter im Geschäftsanzug, die Ausbeuter und Bankrotteure magisch an. Sie wissen genau, dass sie in Menschen wie Edeltrud eine feste Stütze für ihre halsbrecherischen Manöver haben – und nutzen weidlich diese Chance, ohne Rücksicht auf Verluste.

Edeltrud macht tapfer gute Miene zu bösem Spiel.

Solch unerschütterlicher Galgenhumor strengt ziemlich an und zehrt auf Dauer die Kräfte aus. Das Gesicht ist daher mit einem sanften Hauch von Klagsamkeit überzogen, während ein eisernes Lächeln von den Lippen strömt und der Mitwelt verkündet: Ist das Leben nicht schön?!

Wer's glaubt, wird selig.

Warum beschönigt Edeltrud jedes zwischenmenschliche Tief – sogar dann noch, wenn man sie höchst unfair im Regen stehen lässt? Wieso investiert sie so viel Energie in selbstschädigende Illusionen? Was ist die Ursache für den permanenten Stress?

Frau Kläglich versteckt sich hinter einer glatt polierten Fassade.

Nicht nur, um anderen die heile Welt eines optimistischen Menschen vorzuspiegeln. Vor allem hat sie dabei den eigenen Seelenfrieden im Auge.

Das geschieht keineswegs absichtlich und geplant, sondern unbewusst. Denn Edeltrud braucht das Gefühl, von keiner Unsicherheit bedroht zu sein.

Alles andere macht ihr Angst.

Deshalb retuschiert sie das persönliche Bild von

der Wirklichkeit und bagatellisiert die Probleme, so-lange es geht. Und sie redet schön, was einen hässlichen Flecken in ihren Wunschträumen hinterlassen und die eigenen Lebenslügen entlarven könnte. Auf diese Weise erscheint dann das katastrophale Vertriebskonzept als geniale Verkaufsstrategie, und der Versager auf dem Chefsessel mutiert zur erstklassigen Führungskraft. Jede Null wird zur Glanznummer hochgerechnet.

Durch diesen Kunstgriff kann nicht mehr passieren, was nicht passieren darf – so die heimliche Hoffnung. Der Glaube versetzt schließlich Berge.

Ein solches Verhalten kommt einem bekannt vor, erinnert es doch an ein beliebtes Kinderspiel. Wie ging das noch? Man hält sich mit den Händen die Augen zu und ruft: »Ich bin nicht da!«

Und schon ist aller Ärger weg.

Aber was den Kleinsten noch möglich erscheint, das geht bei einer Frau von 36 Jahren daneben. Edeltrud kann sich den unangenehmen Realitäten nicht einfach per Wunschdenken entziehen. Trotzdem treibt sie großen emotionalen Aufwand, um Misswirtschaft in der Firma zu übersehen, um üble Tratschereien der Kollegin zu verdrängen oder die Seitensprünge des Partners zu ignorieren.

Sie braucht eben ein schönes Bild von der Welt, und darauf verwendet sie ihre ganze Mühe.

Diese Anstrengung hat leider nur aufschiebende Wirkung. Denn die Wirklichkeit bleibt natürlich, wie sie ist. Weshalb auch Frau Kläglich die Tatsachen nicht auf Dauer leugnen könnte. Es sei denn …

… es sei denn, sie stellt sich taub und blind. Dann

bleiben ihr die Wunschbilder erhalten und verscheuchen den bösen Alltag. Meint sie, und himmelt weiter den angeblich so tollen Chef an; hält die intrigante Kollegin beharrlich für ihre beste Freundin, und den Ehemann für ein treues Goldstück.

Selbige Zeitgenossen werden im Übrigen kaum etwas tun, um Frau Kläglich von ihren Illusionen zu befreien. Im Gegenteil. Man nützt deren Selbstbetrug so lange für die eigenen Zwecke aus, wie es nur möglich ist. Nichts geht doch über ein geduldiges Schaf, das so gerne geschoren wird.

Menschen wie Edeltrud kennen keine Beziehungsprobleme.

Sie sind selber eins.

Vor allem für sich selbst.

Jeder ist in der Lage, wie Edeltrud Kläglich unter ständigem Stress zu stehen.

Der Anfang dazu ist schnell gemacht. Beschäftigen Sie sich ab sofort in Gedanken vor allem mit jenen Menschen, deren Verhalten ihnen irgendwie unangenehm sein könnte.

Wie zum Beispiel Abteilungsleiter Hugo Hempelbach, der mit seinen unberechenbaren Entscheidungen das Arbeitsklima vergiftet … Oder Frau Peterhoff aus der Bäckerei, die allen nach dem Mund redet und an niemandem ein gutes Haar lässt … Vielleicht auch Fred F. Schnöselmann, der überall gute Ideen klaut und sie dann als eigene Einfälle ausgibt …

Ihre nächste Aufgabe ist zwar recht anspruchsvoll, aber durchaus lösbar. Reden Sie sich ein, dass die betreffenden Personen zu den besten Menschen zählen, die Sie je getroffen haben – und sparen Sie dabei keineswegs mit positiven Begründungen. Sie werden vom Ergebnis selbst überrascht sein …

Herr Hempelbach etwa imponiert Ihnen bestimmt durch seine spontane und kreative Art; wenn er eine Idee hat, dann setzt er sie auch sofort um. An Frau Peterhoff bewundern Sie die diplomatischen Umgangsformen; wie schön, dass sie gerade zu Ihnen Vertrauen hat und ihre Meinung über andere Menschen offen ausspricht! Oder Fred F. Schnöselmann; das ist doch jemand, der endlich einmal gut zuhören kann. Sie haben sicher selten jemanden getroffen, der von Ihren Einfällen so begeistert war!

Sind das nicht drei tolle Persönlichkeiten? Man möchte jeden doch am liebsten zum Freund haben.

Genau das sollten Sie auch unbedingt anstreben und durch ein paar Gefälligkeiten den guten Willen beweisen. Nach kurzer Zeit wollen die anderen auf Ihre Gegenwart, ganz besonders aber auf Ihre Mithilfe überhaupt nicht mehr verzichten.

Was auch sehr gut ist. Denn Ihre bisherigen Bekannten haben mittlerweile längst das Weite gesucht.

Böse Gerüchte über die neuen »Freunde« werden am besten ignoriert. Die Welt ist schließlich voller Neider, und was bedeutet schon das Geschwätz der Leute?

Machen Sie nur konsequent so weiter!

Dann kommt der Ärger täglich, Frau Kläglich.

Niemand ist gezwungen, auf diese Weise ins Abseits zu geraten.

Man weiß selten im Voraus, was im Leben alles auf

einen zukommen wird. Deshalb ist es verständlich, dass jemand in Deckung geht, statt sich möglichen Gefahren unnötig auszusetzen. So lange das nur gelegentlich passiert …

Das große Risiko besteht nämlich darin, dass diese Reaktion zu einem Standardmuster wird. Dann schreckt jemand immer stärker vor solchen Situationen zurück, die neu, ungewohnt oder problematisch erscheinen. Es bildet sich mit der Zeit ein Totstellreflex heraus, der zunehmend hilflos macht.

Wir meistern nur dann den Alltag, wenn wir dessen Herausforderungen offen begegnen und seine vielen Chancen nutzen. Ohne Neugier und Lust auf Entwicklung erstarrt unser Dasein dagegen in Langeweile, Krankheit und Angst – ein viel zu hoher Preis für eine mehr als fragwürdige Sicherheit.

Hab' doch Mut, Edeltrud!

Ein blindes Huhn kommt gern davon

Für Ferdinand Pickerling ist das Schlimmste vorbei.

Man hat ihn doch nicht in den Vorstand gewählt. Gott sei Dank!

Natürlich war er am Samstag bereit gewesen, sich um den Posten zu bewerben. Wie hätte das denn wohl ausgesehen, wenn er nicht auf die Vorschlagsliste gegangen wäre! Das Gesicht von Willy Murks möchte sich Ferdinand lieber gar nicht vorstellen …

Man kann doch den Chef nicht einfach so im Stich lassen.

Ohne Zählkandidaten funktionieren eben keine Wahlen, das weiß doch jeder. Und da greifen sie halt gern auf Kamerad Pickerling zurück, es müssen immerhin ein paar Namen aufgestellt werden. Von Leuten, die sich zur Verfügung stellen und keine Ambitionen haben.

So wie Ferdinand, der gelegentlich ins Scheinwerferlicht gerät und dort seine Pflicht tut – um anschließend ohne Murren wieder ins Glied zurückzutreten und den bisherigen Vorstand auch bei seiner künftigen Arbeit zu unterstützen.

Nur nicht selbst gewählt werden!

Denn Pickerlings wahrer Platz ist beim Fußvolk. Da kann er sich rückhaltlos in den Dienst der Sache stellen und seine Arbeit tun, bis er nach 50 Jahren Mitgliedschaft die goldene Ehrennadel bekommt.

Oder bis ihn der Stress endgültig geschafft hat.

Manche Menschen leiden, sobald sie die allgemeine Aufmerksamkeit auf sich ziehen.

Für Ferdinand ist es geradezu ein Horrortrip, wenn er etwa ans Rednerpult treten muss, um im Namen der Firma einige Begrüßungsworte zu sprechen. Dann räuspert er sich, kämpft mit dem Kloß in der Kehle und zerknittert vor Aufregung beinahe das mühsam vorbereitete Manuskript. Und hofft auf ein Wunder, das ihn endlich aus dieser misslichen Lage befreit.

Doch keiner kommt, um ihn zu retten. Das Publikum sitzt da und wartet schweigend darauf, dass er anfängt.

Irgendwie bringt unser Redekünstler die erlösenden ersten Floskeln heraus. Nach drei langen Minuten ist der Auftritt endlich vorüber, und schweißgebadet kehrt Ferdinand zu seinem Platz zurück. ›Nie wieder‹, schwört er sich, ›nie wieder mache ich ein solches Theater mit!‹

Doch wie es das heimtückische Schicksal so will: Ausgerechnet eine Woche später bittet ihn der Chef, ihn bei der Verabschiedung von Wilma Platzeck zu vertreten. Es gäbe da wirklich nur ein paar Worte zu sagen. »Höchstens zwei bis drei Sätze, wie üblich. Sie täten mir wirklich einen großen Gefallen ...«

Da kann man wohl kaum Nein sagen.

Und wieder hat es Herrn Pickerling erwischt. Er würde jetzt am liebsten im Boden versinken oder ganz weit weg sein. Vielleicht auf den Galapagos-Inseln, wenn es sein muss auch in Kötzschenbroda. Bloß nicht hier.

Warum kommen sie nur immer auf ihn?

Ferdinand ist ratlos.

Eigentlich kann es nicht sein, dass ihn jemand mit solchen Aufgaben absichtlich quälen will. Die Zuhörer haben auch immer ganz freundlich zugehört und am Ende sogar applaudiert. Obwohl er doch kein großer Redner ist.

Jetzt soll er sogar beim Firmenjubiläum einen Vortrag halten – vor der ganzen Belegschaft und der Presse!

Da wird bestimmt jeder merken, welcher Versager sie langweilen will. Wahrscheinlich redet er wirres Zeug, stottert die ganze Zeit herum oder bekommt einen Herzanfall. Gerade dann, wenn die Geschäftsleitung ein paar besonders gelungene Bemerkungen von ihm erwartet. Es wäre kein Wunder, wenn die ganze Veranstaltung wegen seiner Tollpatschigkeit im Chaos enden würde.

Am besten meldet er sich einfach krank. Gleich heute …

Warum geht jemand wie Ferdinand so negativ mit seinen Qualitäten um? Wieso leidet er so bereitwillig unter Katastrophen, die (noch) keine sind? Was ist die Ursache für den permanenten Stress?

Er ist ein Spezialist für soziale Höhenangst.

Schon früh wurde er das Opfer jener gut gemeinten Lebensweisheit, die ihm zu Hause aufgenötigt wurde: »Mach' dich klein, sonst fällst du rein!«

Dieser Merksatz hatte seinem Vater, dem Postoberschaffner Emil Pickerling, den unauffälligen Weg in den Ruhestand geebnet. Also gab er dem

Nachwuchs mit auf den Weg, was für die eigene Beamtenlaufbahn so nützlich gewesen war. Der Junge sollte es schließlich zu etwas bringen!

Das tat der kleine Ferdinand dann auch; im übrigen weit besser, als dies seine Eltern ursprünglich vermuteten und hofften. Er studierte und fand in der Industrie einen guten Posten. Auch das Gehalt übertraf bei weitem die väterlichen Vorstellungen, von der üppigen Betriebsrente ganz zu schweigen.

Doch Papas mahnende Worte zeigen selbst nach Jahren noch Wirkung: Das Kind im Manne bleibt weiter um Gehorsam bemüht.

Abteilungsleiter Ferdinand Pickerling scheut also pflichtgemäß davor zurück, bei öffentlichen Auftritten durch zu viel Selbstvertrauen aufzufallen. Aber das nützt ihm nichts. Denn er ist auf seinem Gebiet einfach zu qualifiziert, um keine Beachtung zu finden. Deshalb wird er dazu verdammt, bei jeder passenden Gelegenheit im Auftrag der Firma in Erscheinung zu treten.

Dann soll er die Position als Führungskraft verkörpern und die rhetorischen Fähigkeiten unter Beweis stellen – was durchaus seinem beruflichen Wertbewusstsein schmeichelt. Er zögert aber trotzdem, gerät sogar innerlich unter Druck, weil ihm eine innere Stimme aus Kindertagen den Schneid abkaufen will.

Dieses Wechselbad der Gefühle produziert einen starken Stress und ruft umgehend körperliche Symptome hervor. Ferdinand wird es gleichzeitig heiß und kalt, ein Kloßgefühl sitzt in der Kehle, die Verdauung spielt verrückt. Alles wirkt um so schlimmer, je näher der geplante Termin rückt. Noch 72 Stunden bis zum Weltuntergang ...

Herr Pickerling würde ja so gerne flüchten. Lieber heute als morgen.

Aber er traut sich nicht vom Fleck, weil er niemanden enttäuschen und in den Augen der anderen kein Versager sein will. Und natürlich der eigenen Karriere nicht schaden möchte, wie ihm der Verstand zusätzlich klar macht.

Deshalb ist Ferdinand innerlich hin- und hergerissen. Er tritt auf der Stelle und schmort im eigenen Saft.

Da hat er sich ja wieder eine schöne Suppe eingebrockt.

Na denn, Mahlzeit.

Jeder kann zum Angsthasen à la Pickerling werden.

Die ersten Schritte dorthin sind schnell gemacht. Notieren Sie in den nächsten vier Wochen alle Anlässe, bei denen Sie im Mittelpunkt der Aufmerksamkeit stehen: Die Powerpoint-Präsentation bei der nächsten Vertriebstagung ... Ihre feierliche Ansprache zu Onkel Friedrichs 90. Geburtstag ... Die Eröffnung der Kleidersammlung für den nächsten Wohltätigkeitsbasar ...

Als nächstes stellen Sie sich bitte vor, wie die Situation zum Alptraum wird: Die Zuhörer machen einen recht feindseligen Eindruck. Manche tauschen bereits sarkastische Bemerkungen mit dem Nachbarn aus und bedenken Ihre Person mit ironischen Blicken.

Dieses negative Klima ist körperlich spürbar, wie Sie sich ausmalen können (und sollten!). Unter den

Achselhöhlen wird es langsam feucht, Druck lagert auf der Brust, die Stimme bleibt weg ... Jetzt stehen Sie da und müssen die hoch gespannten Erwartungen erfüllen.

Aber der Kopf ist wie leer, kein vernünftiger Weg aus dem Dilemma ist in Sicht.

Nach kurzer Zeit sind Ihre Gedanken hochgradig mit solchen Schreckensbildern durchsetzt. Das weitere mentale Training ist nur noch Routine und sollte sich ausschließlich nach der goldenen Regel richten: Besser ein Schrecken ohne Ende als ein Ende mit Schrecken.

Nicht mehr lange, und Sie sind zum heimlichen Verlierer geworden. Also zu jemandem, den die anderen zwar für einen Erfolgsmenschen halten, der selber aber Angst vor jeder öffentlichen Bewährungsprobe hat.

Dann wartet man nur noch auf ein Urteil: K.O. im Ring, Herr Pickerling.

Niemand ist gezwungen, sich sinnlos mit Selbstblockaden zu quälen.

Wir alle haben ja den anderen aufgrund unserer Fähigkeiten und Erfahrungen etwas zu sagen; zumindest auf dem persönlichen Spezialgebiet. Die rhetorische Begabung mag unterschiedlich vorhanden sein, totale Zweifel an der Qualifikation sind unberechtigt. Denn bei Null fängt keiner an, jeder Experte verfügt über seine Kenntnisse.

Das gilt für Haushalt wie strategisches Management, für Ornithologie oder Petrochemie. So sehr man kritisch überprüfen sollte, was gesagt wird, so selbstbewusst muss die innere Überzeugung sein: Ich weiß, wovon ich spreche.

Wer so denkt, der hat keinen Grund (mehr), den völligen Gesichtsverlust zu fürchten. Vielleicht zieht er gelegentlich in der Sache den Kürzeren, ist schlecht vorbereitet oder gibt in mancher Diskussion eine unglückliche Figur ab. Die eigene Persönlichkeit wird dadurch aber auf keinen Fall entwertet – was niemals vergessen werden darf.

Spiel' dich nicht an die Wand, Ferdinand!

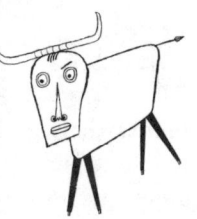

Sich ducken bringt Segen

Kennen Sie Frieda Flachmeyer, kurz FF? Nein?

Warum auch. Sie kennt sich ja selber nicht. Das erzählt sie jedenfalls jedem, auch wenn es keiner hören will. In ihrer Selbsthilfegruppe fanden es übrigens alle ganz toll, dass sie jetzt endlich zu ihren Problemen steht und ganz offen darüber spricht.

Aber es hilft nichts, weil sich außer den anderen Patienten niemand für die »neue Frieda« interessiert.

Früher, als sie viel unglücklicher war als heute, da war das doch ganz anders. Manchmal jedenfalls. Wenn sie beispielsweise samstags ins Büro kommen sollte, um Kaffee zu kochen und das Sitzungsprotokoll zu schreiben. Oder im letzten Winter, als sie Tante Gustl pflegen durfte, weil die anderen Geschwister leider verhindert waren.

Da stand sie unbestritten im Mittelpunkt. Wie war das noch: »Dürfen wir Sie vielleicht mit dem Wagen abholen lassen?« – »Wenn du irgend etwas brauchst, dann ruf uns einfach an!« …

Aber sie hat den Laden natürlich auch ohne Hilfe geschmissen. Klappte einfach alles aus dem Effeff.

FF. Typisch Frieda Flachmeyer.

Sie hat schon überlegt, ob das mit der Bewusstseinserweiterung wirklich viel bringt. Vielleicht wäre es besser, einfach weiter zu machen wie früher auch. Man braucht sie doch, so lange es geht.

Oder bis sie der Stress endgültig geschafft hat.

Die liebe Frieda funktioniert wie ein menschlicher Service-Automat.

Jedenfalls in den Augen der Leute, die gerne und häufig von ihr profitieren. Man drückt nur auf den richtigen Knopf – und schon ist die Bedienung da.

Bei Bedarf rund um die Uhr, manchmal sogar zum Nulltarif. Nachfrage genügt.

Erstklassige Fachkraft mit 72-Stunden-Woche bei niedrigen Sozialleistungen gesucht? Spontanes Kinderhüten am Sonntagmittag gefällig? Sündenbock für alle betrieblichen Notlagen und Engpässe erwünscht? »Friedas Sozialdienst« ist sofort zur Stelle. Zufriedenheit wird garantiert, selbst Wunder dauern nicht sehr lange …

So viel Dienstleistungsqualität findet überall ihre Interessenten und Nutznießer.

Da freuen sich zum Beispiel: Die Geschäftsführung der ABAZOG GmbH über 273 freiwillige Überstunden bei der Auflösung der Filialen in Brandenburg … Der Landfrauenverband über die 49 gespendeten Torten für das Jubiläum des Ortsvereins Dackelshofen … Das Kuratorium »Unheilbare Nächstenliebe« über die Organisation und Durchführung der Altkleiderhilfe für bedürftige Kleinaktionäre …

Unsere Frau Flachmeyer ist halt ein echtes Schnäppchen. Eine Seele von Mensch, die immer zu gewinnen ist, sobald man an ihr soziales Gewissen appelliert.

Im Zweifel sagt sie lieber Ja.

Auch wenn es ihr manchmal zu anstrengend ist. Vor drei Wochen, da klappte sie zum ersten Mal zusammen, nachmittags um fünf. Die Pumpe spielte einfach nicht mehr richtig mit.

Zum Glück ist sonst nichts passiert. Obwohl ein irrsinniger Verkehr war, wie immer um die Zeit.

Der Arzt hat ihr Ruhe verordnet, gut und schön. Notgedrungen wird sie wohl etwas kürzer treten, wenigstens einige Tage lang. Aber wie stellt sich das der gute Doktor auf Dauer vor?

Er sollte mal ihren Terminkalender sehen!

Eigentlich müsste sie aufhören, auf allen Hochzeiten zu tanzen. Es kostet einfach zu viel Kraft, sie ist ja auch nicht mehr die Jüngste. Aber dann kommt wieder jemand und bittet um Hilfe, wie der Kunz vom Blindenverband. Will man den denn vor den Kopf stoßen?

Außerdem geht es ihr bereits viel besser. Die richtigen Medikamente bringen einen eben schnell wieder auf den Damm. Und zum alten Eisen gehört sie deswegen noch lange nicht.

Weshalb es wohl auch in Zukunft heißen wird: Trara, trara, die Frieda ist schon da ...

Wieso treibt Frau Flachmeyer einen solchen Raubbau mit ihren Kräften? Warum reibt sie sich ständig für andere Leute auf? Was ist die Ursache für den permanenten Stress?

Hier spielt das »Helfer-Syndrom« eine entscheidende Rolle.

Also jenes vertrackte Verhaltensprogramm, das uns scheinbar zum wandelnden Denkmal der Nächstenliebe macht. »Allzeit bereit, bei Tag und Nacht!«, lautet die frohe Botschaft, dank der anderen Menschen laufend Gutes widerfährt. Mit schier unermüdlicher Kraft und Ausdauer.

Doch Friedas Engagement ist keineswegs nur selbstlos, auch wenn es entsprechend wirkt. Nicht, dass sie derart viel Einsatz zeigt, weil sie kühl auf lukrative Gegenleistungen spekulieren würde. Nein. Was sie tut, das ist in der Tat so aufrichtig gemeint, wie sie es sagt.

Sie ist wirklich ein Engel. Wenn auch mit trauriger Seele.

Denn seit Jahrzehnten sitzt ihr ein großes Problem im Nacken. Man hat ihr nämlich beizeiten eingebläut, dass es nur zwei Methoden gibt, um im Zusammenleben über die Runden zu kommen: das harte Fordern und das bereitwillige Geben.

Liebe Frieda, hieß es weiter, du bist nur ein zartes Mädchen und gehörst deshalb zum schwachen Geschlecht. Also sei gefällig und erwirb dir so die Zuneigung der anderen. Zeige dich anstellig und zuvorkommend, dann bist du wahrscheinlich überall gern gesehen.

Sonst nicht.

Unterordnung ist das halbe Leben. Die andere Hälfte geht dich nichts an.

Seitdem ist Frau Flachmeyer darum bemüht, gemocht zu werden, und investiert viel Energie in das Wohlbefinden ihrer Mitmenschen – was zugleich eine Investition in die eigene Sicherheit ist: »Wenn ich nett zu euch bin, dann könnt ihr mir nicht böse sein.«

So wurde sie in Beruf, Familie und Vereinsleben

zum Inbegriff der Hilfsbereitschaft. Und ist ängstlich darum besorgt, ihrem Image gerecht zu werden.

Jeden Tag mindestens eine gute Tat.

Wobei nicht ausbleibt, dass mancher nur allzu gerne und reichlich nimmt, was da freiwillig angeboten wird. Gelegentlich darf es auch etwas mehr sein; die zahlreichen Überstunden für den Chef, die Backorgie für das Vereinsfest, der ständige Nachtdienst an Tante Gustls Krankenlager.

Wenn andere so zugreifen dürfen, wie sie wollen, dann wird das rasch ein Fass ohne Boden. Der Stress nimmt einfach kein Ende.

Es ist schon hart, ein guter Mensch zu sein.

Bis zum Umfallen.

Jeder kann ein passioniertes Opferlamm werden.

Die ersten Schritte dorthin sind wahrlich einfach. Beobachten Sie zuerst einige Tage lang, welche Ansprüche von allen Seiten auf Sie zukommen. Verwandte und Kollegen rufen nach liebevoller Unterstützung bei Hausbau, Dackelpflege oder Seniorenbetreuung ... Freiwillige werden für Ehrenämter, Hilfsarbeiten und Bürgschaften gesucht ... Man sammelt Spenden für beschädigte Parkuhren, notleidende Golfspieler oder blinde Bergziegen ...

Jetzt wissen Sie bereits, welch' reiches Betätigungsfeld Ihnen offen steht!

Als nächstes wartet die praktische Bewährungsprobe: Sagen Sie in den nächsten Wochen einfach Ja und Amen zu allem, was andere von Ihnen erwarten. Und handeln Sie sofort als diensteifriger Erfüllungsgehilfe.

Ob ich den Bereitschaftsdienst an Weihnachten und Neujahr übernehmen kann? Aber selbstverständlich, ist mir ganz recht. Wer sich freiwillig für die Renovierung des Tennisheims meldet? Ehrensache, ich bin dabei. Jemand muss Samstag Nacht die Wartungsarbeiten am Computer überwachen? Kein Problem für mich, am Wochenende habe ich ohnehin nichts Besseres vor.

Schon bald ist Ihr Terminplan prall gefüllt. Zwischen den diversen Verpflichtungen bleibt Ihnen kaum noch Luft zum Verschnaufen. Was nicht nur der Lunge zu schaffen macht.

Aber das war ja auch nicht anders gedacht.

Es gibt schließlich mehr als genug zu tun. Wer wird denn so schnell schlapp machen?!

Gehen Sie in Zukunft lieber dem Hausarzt aus dem Weg. Er könnte Sie vor ernsten körperlichen Problemen warnen.

Die Zeitbombe tickt bereits.

Ende der Feier, Frau Flachmeyer.

Niemand muss sich so ausgiebig und unbegrenzt für andere verheizen.

Soziales Engagement in allen Ehren – die eigene Persönlichkeit ist auch der Pflege wert. Kein Mitmensch kann derart wichtig sein, dass man seinetwegen die Gesundheit ruiniert. Und keiner hat das Recht, ständige Aufopferung zu verlangen. Die Zeit der Sklavenarbeit ist vorüber.

Der Terminkalender sollte jeden Tag kleine Zeitinseln aufweisen, die für das Ich reserviert sind. Das dient nicht nur der Erholung und Entspannung, sondern ist Ausdruck des berechtigten Selbstbewusstseins. Auch wenn es wegen der zahlreichen Verpflichtungen nur wenige Minuten täglich sein können: Völlig zu kurz kommen darf man nicht.

Selbstachtung und zwischenmenschliche Beziehungen sind die zwei Seiten der Selbstverwirklichung. Beides ist nötig, damit keine unerträglichen Spannungen entstehen und die Lebensqualität stimmt. Man muss nur regelmäßig darauf achten.

Frieda, du kannst es ja.

75

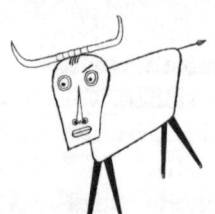

Steine kennen keinen Schmerz

Dr. Oswald Kanterberg ist sich keiner Schuld bewusst.

Er hat nur seine Pflicht getan.

Der politische Gegner versucht natürlich, ihm einen Strick daraus zu drehen. Aber damit kommen sie bei ihm nicht weit.

Von wegen persönliche Bereicherung! Keine müde Mark hat er von den acht Millionen in die eigene Tasche gesteckt, nicht einen einzigen Pfennig. Alles für die Partei, das war schon immer seine Devise.

Da kennt er kein Pardon.

Auch als Minister braucht er sich nichts vorwerfen zu lassen. Im Amt ging alles streng nach den Buchstaben des Gesetzes zu. Paragraphen sind dazu da, befolgt zu werden, und Rechtsbrecher muss die ganze Härte des Gesetzes treffen.

Das ist er schon seinen Wählern schuldig.

Haben sie ihn nicht beauftragt, die freiheitliche Grundordnung gegen alle Feinde zu verteidigen? Dafür war das Geld nötig, das er besorgt hat. Man muss schließlich an der Macht bleiben, damit die Opposition keine Chance bekommt, den Rechtsstaat zu gefährden.

Und große Aufgaben rechtfertigen besondere Maßnahmen.

Soll man ihn doch unter Druck setzen!

Er wird keinen Millimeter wackeln und auf seinem Posten bleiben, bis man ihn nicht mehr braucht.

Oder bis ihn der Stress endgültig geschafft hat.

Begegnungen mit Dr. Kanterberg sind von unerfreulichem Erinnerungswert.

Dabei ist es weniger die massige Gestalt im stets mausgrauen Zweireiher, die diesen Eindruck hinterlässt.

Die meisten Menschen verbinden mit seiner Person drei andere Merkmale, die im Gedächtnis haften bleiben: das markig vorgeschobene Kinn, die eisige Stimme und den teilnahmslosen Blick.

Ein emotionaler Gletscher, den man am besten meidet. Was aber nur begrenzt möglich ist.

Denn Oswald der Schreckliche – wie ihn seine Mitarbeiter heimlich nennen – hat ein ausgezeichnetes Gedächtnis. Das wiederum verhalf ihm dazu, auf der Karriereleiter immer höher hinauf zu steigen. Gibt es doch politische Weggefährten genug, die er gnadenlos an ihre zurückliegenden Fehltritte erinnern und sich dadurch gefügig machen kann.

Jetzt sitzt er im Ministerium, und wichtige Entscheidungen gehen über seinen Tisch. Wer weiß, wie es weitergeht?

Das Bundeskanzleramt ist schließlich nur einen Steinwurf entfernt.

Längst zählt man ihn zur ersten Garnitur auf dem politischen Parkett. Weshalb viele bei ihm vorsprechen, um Unterstützung für ihre ehrgeizigen Ziele zu bekommen; etwa die Bankenfusion in Süddeutschland, den Auftrag für eine Chemiefabrik in

Sachsen-Anhalt oder das nächste Teilstück der Ostseeautobahn.

Bei solchen Gesprächen sitzt Dr. Kanterberg stets aufrecht da und mustert sein Gegenüber mit unbewegter Miene. Wehe, wenn diese Überprüfung negativ ausfällt!

Dann ergreift der Minister plötzlich das Wort, ohne Gesichtsausdruck und Haltung im Geringsten zu verändern. In schneidendem Ton erfährt der Bittsteller, dass er keine Chancen hat: »In meiner Position kann ich für Ihr Projekt nichts tun. Folgende Fakten sprechen eindeutig gegen Sie ...«

Ein letzter, unbeteiligter Blick durchdringt den Besucher.

Aus der Traum.

Und wieder wurde jemand erfolgreich abserviert. Politische Leichen pflastern Dr. Kanterbergs Weg. Was sein muss, das muss eben sein.

Er hat sich längst an sein schlechtes Image gewöhnt. Die Leute vertragen es einfach nicht, wenn man den eigenen Prinzipien treu bleibt. Sie wollen ihn doch nur deshalb fertig machen, weil er so kompromisslos die Interessen des Staates und damit von uns allen vertritt.

Das ist seine Mission, und die wird er bis zum bitteren Ende durchstehen. Wenn es sein muss, auch als Bundeskanzler.

Warum igelt sich jemand so gewaltsam in die erreichte Machtposition ein? Weshalb vermeidet er sorgsam jeden Anflug von Gefühlen und persönlicher Betroffenheit? Was ist die Ursache für den permanenten Stress?

Dr. Kanterberg ist das letzte Bollwerk der Selbstgerechtigkeit.

Ein Fossil aus jener gedanklichen Welt, die einen Staat noch als Privateigentum von gekrönten Häuptern betrachtet hat. Und alle Mitmenschen als untertäniges Gesindel, das nur dazu taugt, mit harter Hand regiert zu werden – wie Oswald der Allerletzte gerne sagen würde, wenn er das ungestraft dürfte.

Aber die Zeiten, sie sind nicht so. Leider.

Trotzdem oder gerade deswegen spuken solche Allmachtsphantasien noch in vielen Köpfen herum. Sie beseelen Fechttrainer und Industriekapitäne, Innenminister oder Medienmogule. Jeder von ihnen ein kleiner Napoleon.

Aber bitte ohne Waterloo.

Denn Angst vor dem Scheitern haben sie alle. Darum auch der große Aufwand, mit dem Kritiker mundtot gemacht und Konkurrenten weggemobbt werden. Ein autoritärer Mensch bangt stets um seine Position, was ihn körperlich sehr schnell ins Schwitzen bringt. Dabei ist es einerlei, ob der Betreffende einen Posaunenchor leitet, dem städtischen Wasserwerk vorsteht oder als Hilfspolizist den Falschparkern auflauert.

Wer andere für persönliche (Macht-)Zwecke missbraucht, der fürchtet selber den Verrat.

Deshalb steht er auch unter ständigem inneren Druck. Mauert sich ein und verbirgt sorgsam alle Gefühle, damit man ihn nicht verletzen kann. Und redet ständig von Moral. Dr. Kanterberg beruft sich gern auf das Grundgesetz, die deutsche Leitkultur und den lieben Gott, um von den eigenen Sünden abzulenken.

Häufig mit Erfolg.

Denn solche Sprüche werden in der Öffentlichkeit gern für den Ausdruck von politischer Gradlinigkeit und Charakterstärke gehalten. Obwohl es in Wahrheit nur zu oft um Machterhalt und Selbstbeweihräucherung geht – fromme Lügen von meist älteren Herren, den Leitwölfen mit silbergrauem Haar.

Aber manchmal ist das Schicksal gerecht.

Dann präsentiert es mit mehrjähriger Verspätung die Rechnung für alle üblen Mauscheleien. Eines Tages kommen so die guten Geschäftsbeziehungen von Dr. Kanterberg zu einem afrikanischen Diktator ans Licht. Vielleicht enttarnt man auch seine Begeisterung für vaterländisch verbrämte Schlägerbanden.

Oder er stolpert über einen dubiosen Aktenkoffer mit Bestechungsgeldern, der in der Schweiz den Besitzer gewechselt hat.

Dann heißt es einpacken, Herr Minister.

Ihre Fassade bröckelt, Sie werden leiden müssen. Denn die Angst holt Sie unweigerlich ein.

Ende der Verstellung.

Jeder kann zum emotionalen Panzerschrank werden.

Die ersten Schritte dorthin sind leider sehr einfach, zumal in einer Ellbogen-Gesellschaft. Coole Typen finden hier ein reiches Betätigungsfeld.

Beobachten Sie während der kommenden Wochen, wann menschliches Gefühl durch sachliche Kälte zu ersetzen ist: Bei dem Lieferanten, der wegen Krankheit einen Termin nicht halten und deshalb juristisch fertig gemacht werden kann … In der Familie, wo sich die Sorgen von Frau und Kindern gleichgültig übergehen oder sogar abfällig kritisieren lassen ... In Geschäften und Restaurants, deren gestresste Mitarbeiter nur darauf warten, von anspruchsvollen Kunden schikaniert zu werden ...

Trainieren Sie als nächstes, überall durch kühl kalkulierte Unzufriedenheit aufzufallen: Das Essen wird zu spät serviert, die Nähte der neuen Hose sind nicht gerade genug, die Kacheln im Hotelbad haben einen Grauschleier.

Fünfmal täglich genörgelt ist im Übrigen ein passables Übungsprogramm.

Wenn die Leute ein Problem mit Ihrer Kritik haben und deswegen allmählich ausrasten, dann ist es Zeit für eine eisige Abfuhr – verweisen Sie ungerührt auf die Fakten, und bestehen Sie nachhaltig auf Ihrem Recht. Bis die Gegenseite kapituliert.

Und wieder ist ein schöner Sieg errungen.

Bald hat sich herumgesprochen, wie unfair und kalt andere von Ihnen an die Wand gedrückt werden.

Akademiker oder nicht, die charakterliche Beurteilung fällt danach klar und eindeutig aus.

Sie sind ein Zwerg, Herr Kanterberg!

Niemand muss so bedauernswert verkümmern.

Selbst in diesem Fall ist immer noch Zeit für eine Kurskorrektur. Wer seine Emotionen vor der Welt abschottet, um sich zu schützen, der zwingt die eigene Persönlichkeit in Isolationshaft. Sie leidet dadurch unter einem frostigen sozialen Klima, das beinahe zwangsläufig zur Vereinsamung führt.

Jeder von uns braucht Raum für die Entfaltung der Gefühle – und das kann nur im Austausch mit anderen geschehen. Vielleicht nicht mit jedem und jedermann, aber doch mit den Menschen, an denen uns etwas liegt. Wie schwer das auch manchmal sein mag ...

Denn der Preis für ein erfülltes Gefühlsleben sind die Verletzlichkeit und das Risiko des Scheiterns. Zuneigung, Vertrauen und Liebe gibt es eben nicht zum Nulltarif mit Erfolgsgarantie. Nur wer die Tür zu seinem Herzen offen hält, der hat auch die Chance auf ein glückliches Dasein.

Oswald, versuch' es bald!

Dritter Teil

Mit Power gegen jede Mauer oder: Wenn der Stress zum Angriff treibt

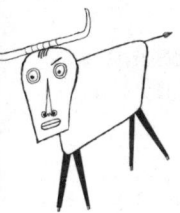

In der Ruhe liegt der Frust

Nicole Bolzenhagen ist stocksauer.

Da hängen sie schon seit zwei Tagen auf dieser dämlichen Insel herum. Sie haben schlechtes Wetter, und im Hotel läuft absolut nichts.

Segelkurs? Ist abgesagt. Tauchen? Erst ab Donnerstag. Drachenfliegen? Diese Woche Fehlanzeige, der Trainer ist krank. Jetzt sind sie extra für zehn Tage nach Mauritius geflogen, um etwas zu erleben. Statt dessen strömender Regen. Und in der Disko nur deutsche Schlager.

Wenn Hans-Peter sich auf die faule Haut legen will, bitte. Aber ohne sie.

Sie ist doch schließlich noch keine dreißig und scheintot!

Wenigstens hat sie ihr Handy dabei und kann in der Firma anrufen. Was auch bitter nötig ist. Bis heute hat niemand die Kundenpost vom letzten Freitag abgearbeitet, und das Angebot für die 2500 Luftmatratzen schlummert in der Ablage vor sich hin.

Sobald die Katze aus dem Haus ist, tanzen die Mäuse. Man muss ständig Druck machen, sonst bricht der ganze Betrieb zusammen.

Wenn bis morgen früh in diesem Hotel noch immer nichts los ist, dann wird sie das Ganze selbst in die Hand nehmen. Nach spätestens 48 Stunden hat sie den müden Laden in Schwung gebracht.

Sie bleibt immer am Ball, bis alles funktioniert.
Oder bis sie der Stress endgültig geschafft hat.

Nicole ist eine echte Power-Frau.

Das sagt jeder, der sie kennt – und das wissen alle, die mit ihr zusammenarbeiten müssen. Was nicht immer ein Vergnügen, ganz bestimmt aber sehr anstrengend ist.

Wer fährt schon gerne stundenlang Achterbahn, und zwar Tag für Tag?

Eine macht es: Frau Bolzenhagen. Und keiner ihrer Mitarbeiter darf dabei fehlen; es sei denn, er kündigt oder ist krank.

Beide Möglichkeiten werden übrigens in letzter Zeit zunehmend genutzt. Die Geschäftsleitung hat bereits irritiert nachfragen lassen, weshalb es in der Abteilung zu solchen Ausfällen kommt. Aber Nicole weiß beim besten Willen nicht, warum.

Sie sind doch immer so wahnsinnig gut drauf!

Tolle Leistungen, klasse Stimmung im Team, voller Einsatz beim Kunden… Unter 60 Stunden in der Woche kommt da keiner nach Hause.

Mit durchschlagendem Erfolg.

Seit vielen Monaten machen sie regelmäßig die höchsten Umsätze, und ständig gibt es dafür neue Prämien. Ihre Truppe ist allein in diesem Jahr schon fünfmal auf Wochenend-Seminaren gewesen; vom Survival-Training auf Fuerteventura bis zum Wettmelken in Arkansas.

Einfach super! Und immer alle zusammen.

Unsere Nicole mischt überall mit. Im sportlichen Wettkampf, aber auch beim Gespräch über die Probleme des Lebens. Es macht ihr überhaupt nichts aus, andere an ihren eigenen Schwierigkeiten teilhaben zu lassen – wie sie überhaupt gerne redet: über Kindererziehung und ökologischen Landbau, iranische Außenpolitik oder Dampfbügeleisen.

Nicht immer ist es leicht, ihre langen Ausführungen als geduldiger Zuhörer zu überstehen. Was sie aber durchaus zu ahnen scheint. Denn immer wieder lacht sie zwischendurch auf, und zwar laut und herzlich. Bisweilen schüttelt sie dabei den Kopf so stark, dass die langen Haare hin und her fliegen.

»Nehmt nur die Hindernisse nicht zu ernst«, scheint Frau Bolzenhagen sagen zu wollen, »mit mir meistern wir doch jede Herausforderung!«

Der Kampf ums Dasein ist für sie eine olympische Disziplin, in der ihr eine Medaille zusteht.

Nur schade, dass niemand sonst das Tempo mithalten kann. Die anderen steigen viel zu früh aus und lassen einen weiter kämpfen. Dass man immer alles alleine zu Ende bringen muss!

Warum verausgabt sich Nicole so stark? Weshalb ist sie derart einseitig auf Leistungsdruck ausgerichtet? Was ist die Ursache für den permanenten Stress?

Nicole Bolzenhagen ist ein Opfer des sozialen Wandels, das zum Täter wurde.

In vielen Familien sind die Beziehungen gestört. Geborgenheit, gegenseitiges Vertrauen und emotionaler Zusammenhalt haben dort an Bedeutung verloren. Der Respekt vor der Persönlichkeit des anderen wird dann weder vorgelebt noch als Wert geschätzt. Man setzt sich gegen Eltern und Geschwister (falls vorhanden) durch, um nicht zu kurz zu kommen. Die Rücksichtslosigkeit gilt als Überlebensfaktor erster Ordnung.

Private Verhältnisse und die allgemeinen Spielregeln des Zusammenlebens beeinflussen sich gegenseitig. Weshalb soziale Defizite in Wirtschaft und Politik ihre deutlichen Spuren hinterlassen.

Individuelle Macken prägen das öffentliche Leben, und umgekehrt.

Darum lautet die entscheidende Beziehungsfrage in der Fit- und Spaßgesellschaft nicht: »Was bist du für ein Mensch?«, sondern: »Wie lange hältst du mit?« Weshalb jeder als guter Kumpel gilt, der im Leistungsteam die gemeinsamen Normen erfüllt – und kalt abserviert wird, wer den unaufhaltsamen Aufstieg der Gruppe behindert.

Für die Generation X ist auch der berufliche Erfolg ein Computerspiel. Lara Croft macht Jagd auf Moorhühner, und Nicole will bei der Abschussquote zur Spitzenklasse gehören.

Aber insgeheim plagt sie die Angst vor den Regeln dieses gnadenlosen Rennens. Was wird aus mir, wenn ich die notwendige Power nicht mehr bringen kann?

Die Jägerin fürchtet sich davor, eines Tages zu den Gejagten zu gehören.

Zwangsläufig, wie es die Natur so will.

Da hilft nur eins, so die verzweifelte Hoffnung: Knallhart die Karriere vorantreiben, die nächste Schönheitsoperation vereinbaren, einen zusätzlichen Marathonlauf im nächsten Quartal einplanen.

Und gnadenlose Lustigkeit auf Jokus komm' raus.

Hoher Spaßfaktor sichert den Seelenfrieden, die Ablachquote macht die ganze Welt zur Comedy. So lange wir nur hip und fröhlich sind, bleibt der Ernst des Lebens außen vor. Ist doch ein Witz, oder?

Nicole ist nicht umsonst ein Fan aller Business-Frauen im Showgeschäft, die in heiterer Beschränktheit ihre Mitmenschen ausbeuten – das geklonte Model als Erfolgs-Modell, die Einfalt als attraktives Massenprodukt. Von Herzen dumm, aber hübsch aufgemotzt, medienwirksam und raffgierig …

Doch die Zeit ist kein Lifestyle-Comic, der sich immer wieder von vorne aufblättern lässt. Eines Tages platzt der Traum von der unverwüstlichen Jugendlichkeit wie eine Seifenblase.

Dann macht es »Blubb!«.

Hier werden Sie nicht mehr geholfen.

Jeder kann diesem Wahnsinn zum Opfer fallen.

Die ersten Schritte sind sehr einfach. Halten Sie in den kommenden Wochen Ausschau nach allen Situationen, die Ihnen beweisen könnten, dass sie im Leben etwas Wichtiges verpassen: Das Jahresprogramm »20 Prozent mehr« für erfolgreiche Verkäufer … Den Wellness-Parcours in Bad Abgrund, mit Schlafentzug, Nulldiät und Face-Lifting … Die Chance, ihre vierjährige Tochter zum »Sugarbaby von Dummsdorf« wählen und vermarkten zu lassen …

Stellen Sie sich nur vor, Sie würden nicht mit dabei sein. Wie fürchterlich! Allmählich entwickeln Sie jetzt die ernste Sorge, demnächst weg vom Fenster zu sein. Ein schönes Zwischenergebnis, aber noch nicht genug.

Als Nächstes üben Sie sich deshalb bitte in betriebsamer Ungeduld, und zwar täglich. Jede freie Minute sollte mit Aktivitäten vollgestopft werden, die anstrengend und hektisch sind. Ganz wichtig: Möglichst keine Pausen dabei aufkommen lassen …

Bald wissen Ihre Mitmenschen, welch fürchterliches Nervenbündel Sie sind. Und jeder zieht sich zurück, der nicht von Ihnen abhängig ist. Aber wehe dem Partner, den Kindern und Untergebenen, die keine andere Wahl haben!

Leider wird Ihnen irgendwann der Körper einen bösen Streich spielen, und zwar in hinterhältiger Zusammenarbeit mit der Psyche. Beide wollen den unnatürlichen Leistungsterror nicht länger mitmachen. Der Stress ist ihnen zu viel, und sie streiken.

Auf diesen Augenblick haben die ehrgeizigen Konkurrenten nur gewartet.

Dann geht es Ihnen an den Kragen, Frau Bolzenhagen!

Niemand ist gezwungen, ständig über diesen unnatürlichen Parcours zu hetzen.

Ein lebenswertes Leben hängt nicht von pausenlosen Aktivitäten ab. Solche Hektik hat wenig mit ungebrochener Leistungsfähigkeit zu tun, sondern offenbart die ängstliche Suche nach Beweisen der eigenen Vitalität – gegenüber den Mitmenschen, vor allem aber für sich selbst.

Selbstbewusste Menschen brauchen dagegen weder Aktionismus noch soziales Powerplay, um ihr Dasein aufzuwerten. Sie vermeiden jede übertriebene und beständige Hektik, die die Lebensqualität schmälert, ohne dass dadurch ein greifbarer Nutzen entsteht.

Ein gesunder Kompromiss besteht aus zwei Teilen. Zum einen darin, nach dynamischen Herausforderungen für die Entfaltung der persönlichen Fähigkeiten zu suchen. Andererseits ist es aber genau so wichtig, sich täglich und in Ruhe zu nehmen, wie man ist – mit allen Eigenheiten und Schwachstellen.

Wär' das nicht toll, Nicole?

Stier sucht rotes Tuch

Jawohl, Knut Rempel wird aufräumen.

Wieder einmal, wie schon so oft, und zwar gründlich.

Wenn der verdammte Nachbar glaubt, er kann die Spielchen weiter treiben, dann gibt es eben eine böse Überraschung. Irgendwann sind morgens die Zweige von seinem Apfelbaum einfach weg.

Ab und fertig, das war's dann.

Dass die Leute immer Ärger machen müssen! Er ist doch nun wirklich ein toleranter Mensch. Aber was zu weit geht, das geht eben zu weit.

Denken Sie nur an die Frösche in Losebergs Ökoteich, mit ihrem ständigen Gequake. Oder an die Fahne vom FC Bayern vor Knesebecks Haustür. Einfach unmöglich. Und als Krönung zieht gegenüber noch eine farbige Sängerin mit zwei Kindern ein. Ja, hat man denn nirgendwo seine Ruhe?

In einer ordentlichen Siedlung gibt es solche Auswüchse nicht. Da wissen die Leute einfach, wie man sich benimmt und welche Mieter bitteschön gar nicht erst genommen werden.

Von Fröschen und Fahnen ganz zu schweigen.

Nein, jetzt ist endgültig Schluss mit lustig. Knut Rempel muss wohl oder übel die Initiative ergreifen. Und er wird bestimmt nicht eher Ruhe geben, bis dieser ganze Unfug endgültig verschwunden ist.

Oder bis ihn der Stress endgültig geschafft hat.

Menschen wie Knut sind emotionale Heckenschützen.

Sie warten förmlich darauf, ihre Zeitgenossen zu attackieren, bei Bedarf auch aus dem Hinterhalt. Die Erklärung dafür ist sehr einfach: Der Kosmos ist voller Feinde, die es nur auf einen einzigen Menschen abgesehen haben – unseren friedfertigen Herrn Rempel.

Er hat schon früh im Leben gemerkt, wie sie sich überall erfolgreich vordrängen, diese Abstauber und Schmarotzer. Wie anders kann man es sonst erklären, dass er in der Schule nie zum Klassensprecher gewählt wurde? Dass die schönsten Mädchen immer nur auf die Falschen hereingefallen sind? Und dass stets die anderen an seiner Stelle Karriere machen durften?

Das ging doch nie mit rechten Dingen zu.

Lange Zeit war er ja so gutmütig, diesem Treiben tatenlos zuzusehen. Aber eines Tages ist ihm endgültig der Kragen geplatzt, und er ging auf die Barrikaden.

Dem Tüchtigen gehört schließlich die Welt. Was Herr Rempel durchaus wörtlich und für sich in Anspruch nimmt.

Zum Beispiel beim linken Fahrstreifen auf der Autobahn. Da fährt Knut in aller Gemütlichkeit mit 110 Stundenkilometern auf seinem Eigentum herum. Und plötzlich kommt jemand von hinten angerauscht, der wie wild die Lichthupe betätigt und sich an ihm vorbeidrängen will.

Wenn das keine Unverschämtheit ist!

Aber er hat es dem dreisten Porschefahrer gründlich gegeben und ihm eisern die Rücklichter gezeigt. Links auf der Autobahn, wo das Herz jedes Straßenkönigs sitzt ...

Und so macht er es mit allen, die ihm negativ auffallen; wie diese Leute, die falsch parken oder zu oft mit ihrem Gartengrill die Luft verpesten. Solchen Typen legt er das Handwerk, auch wenn er dazu auf's Rathaus gehen muss.

Meistens reicht allerdings ein kurzer Anruf bei der richtigen Nummer.

Kein Wunder, dass Knut Rempel unter ständiger Spannung steht, beinahe so wie der Springteufel im Kinderzimmer. Sie kennen doch das alte Spielzeug in der schönen Holzschachtel? Ein Druck auf den Knopf, schon geht die Klappe auf, und der böse Geist federt heraus.

Immer auf der Suche nach einem, den er erschrecken kann. Deshalb ist Knut auch im städtischen Polizeirevier wie zu Hause. Man erlebt ihn als Stammgast im Amt für Öffentliche Ordnung, er bombardiert den »Bockelheimer Heimatboten« mit Leserbriefen und erhält zwei Anwaltskanzleien am Leben.

Herr Rempel streitet für den Sieg von Rechthaberei und Spitzfindigkeit. Unermüdlich, und natürlich ohne Ansehen der Person.

Warum kämpft Knut nur so beharrlich gegen den Rest der Welt? Weshalb macht er sich mit seiner Aggressivität selber fertig? Was ist die Ursache für den permanenten Stress?

Er kann einfach nicht anders. Die Feindseligkeit ist ihm zur zweiten Natur geworden. Wobei die emotionale Strategie nur einen einzigen Zweck verfolgt: alle möglichen Feinde im Voraus zu blockieren.

Denn die wittert er überall, weil er in den Mitmenschen nur wenig Gutes vermutet.

Knuts Rundumschläge folgen konsequent der Ideologie des kalten Krieges. Wer jeden bedroht und damit in die Defensive bringt, so der Glaube, der genießt automatisch den Respekt des potenziellen Gegners. Nachbarn, Kollegen und Verwandte gehen dann aus Vorsicht in Deckung und halten sich mit feindseligen Aktionen zurück.

Abschreckung schafft Friedhofsruhe. Und General Rempel fährt schwere Panzer auf.

Hinter solchen militanten Strategien im Zusammenleben steckt eine tief greifende Unsicherheit. Sie ist vermutlich bereits früh im Leben entstanden, so wie die meisten schwerwiegenden Störungen der Persönlichkeit. Wenn das Vertrauen eines Kindes erschüttert oder sogar missbraucht wird, dann verliert dieser junge Mensch an innerem Halt.

Das Fundament der Selbstsicherheit bekommt einen schweren Riss. Mit häufig lebenslänglichen Folgen für das Sozialverhalten.

Weshalb Knut Rempel bis heute niemandem so recht über den Weg traut. Besonders dann, wenn die anderen auch noch so schrecklich andersartig sind. Ob Hautfarbe, Religion oder regionale Herkunft – suspekt ist, was vom Üblichen abweicht. Nur keine Moschee im Land der Nächstenliebe, Niedersachen raus aus Niederbayern…

Multi-Kulti als Schreckgespenst für eine von ängstlichem Misstrauen vergiftete Seele.

Gut für uns alle, dass Knut in einem demokratischen Gemeinwesen leben muss. Nicht auszudenken, welche Karriere er in einer tiefbraunen oder dunkelroten Diktatur gemacht hätte ...

Ich bin ein Denunziant, Madam!

Heute kann Herr Rempel die kleinkarierte Spießigkeit nur so beschränkt ausleben, wie er eigentlich ist: häufig gehässig und bisweilen wehleidig; vor allem aber ständig unter einem inneren Druck, der ihn zu unüberlegten Handlungen treibt. Schlimm genug für alle, die zur Zielscheibe seiner schikanösen Aktionen werden.

Eigentlich ist Knut ja eine tragische Gestalt.

Was immer er auch unternimmt, um auf sich aufmerksam zu machen – es vergrößert nur die Einsamkeit und Ablehnung, die er eigentlich so gern verhindern möchte.

Ein rotes Tuch für seine Mitmenschen.

Und ein emotionaler Rohrkrepierer.

Jeder kann zu einem solch unangenehmen Zeitgenossen werden.

Widmen Sie in den nächsten Wochen einfach die ganze Aufmerksamkeit den Marotten Ihrer Mitmenschen: Herrn Leckebusch, der am Samstag schon mittags so lautstark seinen Rasen mäht ... Frau Wüstefeld, die ein auffällig abwechslungsreiches Liebesleben pflegt ... Den Inhabern der Kneipe von gegenüber, die doch wahrhaftig erst fünf Minuten nach Mitternacht schließt ...

Als Nächstes sollten Sie Ihrer Empörung Luft machen. Beschimpfen Sie die Betreffenden wegen dieser skandalösen Verhältnisse.

Nicht einmal, sondern immer wieder.

Und vor allem: Rufen Sie bald die Polizei, um die unerlaubte Ruhestörung im Nachbargarten und den unerhörten Verstoß gegen die Sperrstunde abzustellen. Und in der Personalabteilung erfährt man sicher gern etwas über den unsoliden Lebenswandel Ihrer Kollegin!

Es wird nicht lange dauern, und Sie gelten allgemein als Hitzkopf, der aller Welt das Leben schwer machen will. Ein Erbsenzähler, der ständig nach einem Haar in der Suppe sucht, um sich künstlich darüber aufregen zu können.

Von Ihnen will deswegen und in Zukunft bestimmt kaum einer noch etwas wissen.

Weshalb die Mitmenschen nur eine Botschaft für Sie haben: Herr Rempel, schmeißen Sie den Krempel hin!

Niemand muss sich auf diese Weise als Außenseiter ins Abseits manövrieren.

Es ist natürlich wichtig, die Spielregeln im Zusammenleben einzuhalten. Das setzt eine bestimmte Form von gegenseitiger Kontrolle voraus. Nur zu verständlich ist es dann, wenn jemand über gravierende Verstöße gegen die Grundsätze des Miteinanders verärgert ist. Schließlich will sich jeder auf die Gemeinschaft verlassen können, in der er zu Hause ist.

Wer aber nur auf die Probleme stiert und den lieben langen Tag damit verbringt, an allem herumzu-meckern, der fristet ein unsoziales Dasein. Er vergif-tet nämlich fortwährend die zwischenmenschliche Atmosphäre, wird intolerant – und endet vermutlich eines Tages als frustrierter Einsiedler.

Wir brauchen die Bereitschaft, manche Differen-zen beiseite zu schieben und immer wieder offen auf andere zuzugehen. Nur das sichert den sozialen Frieden und die Freuden eines gemeinsamen Alltags. Wonach sich eigentlich jeder sehnt.

Das tut dir wirklich gut, Knut!

Eine Lunte brennt selten allein

Birgit Hakenblech spitzt die Lippen.

Ihretwegen kann die Diskussion beginnen. Wort für Wort wird sie alle falschen Behauptungen entlarven und sich durch nichts und niemanden davon abhalten lassen.

Ihr brillanter Verstand ist noch mit jedem Argument fertig geworden, das ihr in die Quere kam. Denn sie kennt die Wahrheit, besser als alle anderen.

Die Erde ist keine Kugel, sondern eine Scheibe!

Es kann gar nicht anders sein. Birgit hat alles durchdacht und ist zu einem glasklaren Schluss gekommen: Das Weltbild der traditionellen Wissenschaften ist falsch, an den Universitäten wird nur Unsinn gelehrt.

Aber die Professoren beharren engstirnig auf den alten Ansichten und wollen nichts begreifen. Deshalb hat Birgit ihren Feldzug durch die Vereinslokale und Talkshows begonnen. Die Menschen müssen endlich zur Einsicht kommen.

Die Erde ist eine Scheibe, weil sie eine Scheibe ist. Was sonst?

Überall gibt es jemanden, der auf sie hört und sich von ihr begeistern lässt. Aber das ist noch lange nicht genug.

Sie wird so lange weiter streiten, bis keiner mehr

widerspricht und jeder vor ihrem Scharfsinn kapituliert.

Oder bis sie der Stress endgültig geschafft hat.

Birgit Hakenblech gehört zur Gattung der selbst ernannten Propheten.

Schon ihre Erscheinung lässt nichts Gutes ahnen.

Da ist die betont aufrechte Haltung mit den leicht hochgezogenen Schultern, die eine ständige Bereitschaft zum Angriff signalisieren … Der Blick taxiert kühl und leicht überheblich die Umgebung, was eine wenig erfreuliche Meinung über die Mitmenschen verrät … Hin und wieder zucken die Lippen, als würde der nächste verbale Rundumschlag darauf warten, endlich losgelassen zu werden …

Diese bemühte Zurückhaltung wird auch in anderen Lebensbereichen deutlich.

Während etwa ihre politischen Freunde (andere hat sie keine) gemütlich beim Bier zusammen sitzen, hockt Birgit mit einem (nur einem!) Mineralwasser daneben; und zwar den ganzen Abend lang. Sie raucht nicht, ernährt sich vegetarisch und lehnt sexuelle Beziehungen ab – Genuss ist der einzige Begriff, der für sie ein echtes Fremdwort darstellt.

Der Grund dafür ist ebenso klar wie dramatisch.

Lust zerstört nämlich den Frust, und genau den braucht Frau Hakenblech für ihre einzig wahre Leidenschaft. Nämlich bei jeder Gelegenheit eine flammende Rede zu halten, aus dem Stand heraus und mit kalter Wut im Bauch: Gegen den Missbrauch deutscher Rabattmarken, das Wetter in Südhessen oder die Vermehrung der Lachtauben.

Das Rauschgift der Asketen ist jene aufdringliche Selbstgerechtigkeit, die von keiner Lebensfreude getrübt wird.

Der allgemeinen Freude an Autos, Aktien und Auslandsreisen begegnet sie mit empörtem Unverständnis. Und dass ein Fußballspiel zur natürlichen Grenze für ihre Redezeit wird ...

Einfach unmöglich.

Was kann es denn für andere Menschen Interessanteres geben als Birgit Hakenblech, die Quelle der ewigen Weisheit?

Und so kämpft sie weiter gegen den Unverstand der Umwelt und die Ignoranz der Zeitgenossen. Der Verstand arbeitet schärfer denn je, die Wut im Bauch staut sich immer stärker auf, und so unbarmherzig wie nie geißeln ihre Worte alle Übel dieser Welt.

Aber was sie auch versucht – die dumme Masse will sich einfach nicht begeistern lassen. Es ist zum verrückt werden.

Weshalb geht Birgit so beharrlich und aggressiv auf die Barrikaden? Wieso zündelt sie an allen Pulverfässern, die sie finden kann? Was ist die Ursache für den permanenten Stress?

Diese Fragen wird sie als vollkommen unsachlich zurückweisen, vielleicht sogar mit wütenden Gegenangriffen beantworten.

Ein echter Seelenfänger hat etwas gegen die Aufdeckung der eigenen Schwachstellen. Er beharrt nämlich auf einer klaren Rollenverteilung: Ich bin perfekt, und der Rest der Welt muss nach meinem Rezept erlöst werden.

Eine derart aggressive Egozentrik hat natürlich ihre Vorgeschichte.

Die kleine Birgit etwa wurde schon früh zum Spielball streitender Parteien. Denn zwischen den Eltern gab es ständig Krach. Der zwar gefühlvolle, aber wenig lebenstüchtige Vater versuchte sie ebenso für sich zu vereinnahmen wie die etwas herbe, ans Zupacken gewöhnte Mutter.

Für Birgit eine eigentlich chancenlose Situation.

Da konnte sie machen, was sie wollte; einer der beiden fühlte sich immer von ihr betrogen und ließ sie dann schmerzlich seine Enttäuschung spüren. Papa und Mama reagierten wechselseitig mit Liebesentzug, Ausgehverbot und anderen Schikanen.

Mit der Pubertät kam dann die entscheidende Wende.

Die bislang so brave Tochter entdeckte den wütenden Trotz als Waffe und begriff ihre Lektion. Gefühl heißt Schwäche, Unzugänglichkeit macht stark. Und geistige Schärfe lehrt andere das Fürchten.

Seit damals betet sie ihren Verstand an und ist in die eigene Logik verliebt. Der messerscharf denkende Intellekt verbindet sich bei ihr mit makelloser weiblicher Optik; kühle Ästhetik im Doppelpack, was (nicht nur) den männlichen Diskussionspartnern das Kontern schwer macht.

Gut so.

Denn Beziehungen sind für Frau Hakenblech vor allem eins – Schlachtfelder.

Wenn sie unter Menschen ist, dann schaltet ihr Erfolgsprogramm aus pubertären Tagen auf Angriff. Deshalb schlägt sie so gerne wortstark zu, immer um

102

beherrschtes Auftreten bemüht. Mit analytischer Kälte werden da die Schwächen der Gegner seziert; wobei der nüchtern formulierte Text die dahinter steckende Aggressivität kaum verbergen kann. Und die langen Tiraden sollen dafür sorgen, dass der andere in Grund und Boden geredet wird.

Jemand wie Birgit kennt leider nur die zwischenmenschliche Einbahnstraße, und zwar in der eigenen Richtung: den Monolog.

Was nicht nur überaus anstrengend ist, sondern auch die Bühne des Zusammenlebens mit einer Eiszeit überzieht. Andere können sich dann in wärmere Regionen flüchten.

Nur die Verursacherin nicht.

Denn Rattenfänger landen im Tiefkühlfach.

Jeder ist in der Lage, zu einer sozialen Eisbombe zu werden.

Die ersten Schritte dorthin sind schnell gemacht. Durchleuchten Sie in den nächsten Wochen als Erstes die Schwächen Ihrer Mitmenschen in Beruf, Familie und Freizeit.

Fordern Sie diese potenziellen Opfer anschließend zum öffentlichen Duell. Den Sachbearbeiter Plotzbach beim nächsten Betriebsausflug … Zeitungsfrau Hanne Sebald auf der Weihnachtsfeier der Kirchengemeinde … Ihren Sohn Peter beim Sommerfest des gemeinsamen Tennisclubs …

Nutzen Sie dann diese günstige Gelegenheit zur öffentlichen Abrechnung mit den Unzulänglichkeiten der anderen.

Herrn Plotzbach können Sie in der »Schönen Aussicht« höchst effektvoll die verzögerte Spesenabrechnung um die Ohren hauen. Die verschlafene Frau Sebald wird unter dem Tannenbaum erfolgreich dem allgemeinen Gelächter preisgegeben. Und bei Peter schlagen Sie durch die öffentliche Diskussion seiner schlechten Schulnoten bestimmt ein As.

Platz, Spiel und Sieg im nächsten Krieg.

Leider, leider zahlt man für solche Erfolge einen viel zu hohen Preis. Denn bald wissen alle, wie rücksichtslos jemand hier die anderen demontiert, um auf seine Kosten zu kommen.

Worauf jeder diesem Risiko aus dem Weg geht. Schließlich könnte er ja als Nächster in die Schusslinie geraten. Und wer will Ihnen schon freiwillig ins Messer laufen?

Man merkt die Absicht, und zwar ganz bestimmt.

Ihr Pech, Frau Hakenblech!

Niemand muss unter einer selbst provozierten Ausgrenzung leiden. Viele Menschen bewundern es, wenn jemand gut und geschliffen reden kann. Es ist auch durchaus wichtig, das Fehlverhalten gewisser Leute mit Scharfsinn zu entlarven. Aber beißende Kritik um ihrer selbst willen – das ist eine Kunst, die kaum einer schätzt, geschweige denn über sich ergehen lassen will.

Letztlich haben wir den Wunsch, dass jemand seine Talente in den Dienst der Gemeinsamkeit stellt; oder andere Partner sucht, mit denen er besser zurecht kommt. Auch Rhetorik und Kritikvermögen sollten im Endeffekt dem Zusammenleben dienen, statt es zu (zer)stören.

Der wache Verstand ist in der Lage, sowohl die Risiken wie die Chancen des Daseins zu entdecken. Jeder hat es deshalb in der Hand, ob er seine Talente zum Nachteil oder zum Nutzen der Mitmenschen einsetzen will. Im besten Fall findet man wirklich jene »guten Worte«, die nicht nur Intelligenz beweisen, sondern auch zum Herzen sprechen.

Birgit, mach' endlich mit!

Wo man zankt, da lass' dich freudig nieder

Ottokar Bollerkopp ist ein gestandenes Mannsbild.

Und als solches kein Kind von Traurigkeit. Das sagen alle seine Freunde, die mit ihm durch dick und dünn gegangen sind.

Jetzt verklagt ihn doch tatsächlich so ein Milchbart von Anwalt wegen Körperverletzung und Sachbeschädigung! Dabei hat er dem Michel nur deutlich gemacht, dass er seinen Opel endlich woanders parken soll. Mit handfesten Argumenten, wie man das eben so regelt – was nun mal nicht ohne Kratzer und Schrammen abgeht.

Aber deswegen gleich zu einem Rechteverdreher rennen? Die gebrochene Nase wird doch schon wieder, und ein neuer Kotflügel kostet auch kein Vermögen.

Wo sind sie nur hin, die guten alten Zeiten?

Damals, als ein Mann noch ein Mann war und mit ein paar guten Fäusten jedes Problem aus der Welt schaffen konnte.

Aber wer sagt denn, dass wirklich alles anders geworden ist? Nur nicht so schnell durchdrehen, bloß weil sich neuerdings überall die Herren Juristen einmischen wollen!

Ottokar wird weiter auf bewährte Art für Klarheit und Ordnung sorgen, bis alle Schwierigkeiten beseitigt sind.

Oder bis ihn der Stress endgültig geschafft hat.

Ein echter Bollerkopp ist wie ein sozialer Bulldozer.

Ihm erscheint das Dasein als völlig unkomplizierte Sache. So sieht es jedenfalls aus. Denn er lebt und handelt nach der einfachen Devise: »Entweder funktioniert es – oder es knallt!« Fertig.

Wenn es zu Konflikten kommt, dann macht Ottokar kurzen Prozess und löst das Problem nach altväterlicher Sitte: Er krempelt kurz die Ärmel hoch, spuckt in die Hände und lässt die anderen körperlich spüren, wo es lang geht. Ganz schnell hält dann der Kollege sein vorlautes Maul, im Kinderzimmer herrscht wieder Ruhe, und die Frau kocht friedlich das Abendessen.

Ruck-Zuck.

Fall geklärt, Fall vergessen. Denn Meister Bollerkopp ist eigentlich ein friedlicher Gemütsmensch. Also nimmt unser Held unbekümmert im Fernsehsessel Platz, um den Feierabend bei Bierchen und Sportschau zu genießen.

Im Übrigen auch gern in Gesellschaft mit anderen. Denn ein Raufbold kommt selten allein.

Ohne Clique ist das Leben halb so schön. Was haben sie nicht schon alles miteinander angestellt! Zum Beispiel das Sommerfest in der Waldsiedlung aufgemischt ... Oder beim Open Air mit »Truck Stop« die Sau 'rausgelassen ... Und einmal sogar das Clubheim von den Fußballern auseinander genommen, damals, im heißen Sommer 1992 ...

Wenn er sich daran erinnert, dann muss Ottokar lächeln. Was sonst gar nicht seine Art ist.

Schön war es, trotz allem. Mein Gott, wo gehobelt wird, da fallen eben Späne. Oder treffender ausgedrückt: »Pack schlägt sich, Pack verträgt sich.«

Sieben Mann und ein Krawall, vierzehn Fäuste für ein Halleluja!

Das macht gegenseitig stark, da räumt man mit Lust und Liebe unter Rockern und Rädelsführern auf. So wie die tollen Typen im Kino, die alle Bösewichter im Sekundentakt ins Land der Träume schicken: Steven Segal oder Jean-Claude Van Damme als schlagkräftige Friedensengel, Konfliktbewältigung als unterhaltsames Ballerspiel ...

Und was machen die Jungs von heute mit ihrer Zeit? Wenn Ottokar daran denkt, dann stellen sich in seinem Stiernacken alle Haare hoch.

Die echten Helden sterben aus.

Aber er gehört noch zur alten Garde aus Schrot und Korn. Zu denen, die nicht lange fackeln, sobald es etwas zu regeln gibt. Da haut er eben auf den Tisch oder wo anders hin, und so soll es auch in Zukunft bleiben. Basta!

Weshalb pflegt jemand so beharrlich seine kaum gezügelte Gewalttätigkeit? Wieso verherrlicht er das Faustrecht als soziales Erfolgsprinzip? Was ist die Ursache für den permanenten Stress?

Ottokar Bollerkopp weiß sich in bester Gesellschaft.

Zum einen hat die Sauf- und Raufmentalität in seiner Familie ihre Tradition. Schon der Großvater musste sich kräftig durchs Leben schlagen, denn einem Bergmann wurde Anfang des 20. Jahrhunderts wahrhaftig nichts geschenkt. Auch der Vater trug keine Samthandschuhe; ein Bauarbeiter mit vier Kindern durfte wohl kaum zimperlich sein, wenn er über die Runden kommen wollte.

»Überleben heißt kämpfen und ist Männersache!« Diese eiserne Regel wurde allen Bollerkopps eingebläut und den Jungs von Generation zu Generation weitergegeben. Wenn es sein musste, mit kräftigen Schlägen auf den stramm gezogenen Hosenboden.

Was beinahe jede Woche einmal der Fall war. Aber regelmäßig dann, wenn der Vater am Zahltag mit seiner Lohntüte und volltrunken nach Hause kam.

Die Hypothek der Generationen hinterlässt immer ihre Spuren. Also folgte auch Ottokar der Familientradition.

Doch die Zeiten änderten sich, während er der Gleiche blieb. Aus Arbeitern wurden Angestellte, und im Geschäftsanzug wird bekanntlich anders geprügelt als im Blauen Anton.

Gewalt hat eben manchmal ein neues Gesicht.

Da fallen Arbeitsplätze der »Umstrukturierung« zum Opfer. Kollegen lassen sich durch üble Nachrede zuerst in die Krankheit und dann aus der Firma mobben. Und viele Kinder werden über den permanenten Leistungsdruck daran gehindert, störende Eigenwilligkeiten zu entwickeln.

Meister Bollerkopp mag als biederer Mitmensch den Zug der Zeit verpasst haben, aber er ist darüber nicht betriebsblind geworden. Also erkennt er die Brutalität, auch wenn sie gesittetere Züge trägt. Weshalb er sich fragt, warum dieses Verhalten so viel besser als sein eigenes sein soll.

Die alltägliche Gewalttätigkeit zwischen den Menschen ist längst keine Frage von blauen Flecken mehr. Sie tritt immer und überall auf, wo ein anderer in seiner Selbstachtung beschädigt und zur Unterwerfung gezwungen wird. Man braucht weder Eisenstangen noch geballte Fäuste, um jemanden zu erniedrigen.

Ottokar ist leider überhaupt kein besonders schlimmer Fall. Seine Form von sozialer Gewalt fällt – wenn überhaupt – besonders aus einem Grund auf: weil sie so schrecklich altmodisch ist.

Damit vor allem eckt er an, und genau das macht ihn allmählich zum Außenseiter.

Wer draufhaut, ist out.

Jeder kann zum aggressiven Rabauken werden.

Die ersten Schritte sind schnell gemacht. Suchen Sie in den nächsten vier Wochen nach Gelegenheiten, um sich über andere aufzuregen; beim nächsten Protokoll wegen falschen Parkens, bei der Diskussion über die beste Automarke oder beruflichem Ärger mit dem Computer.

Bringen Sie als nächstes den Ärger in der Sache unbedingt auf die persönliche Ebene. Zoff kann man nur mit Menschen haben!

Für Ihr Training kommen allerdings nur Männer in Frage. Denn sie allein gehören zum starken Geschlecht, und nur mit ihnen lohnt eine Auseinandersetzung. Bevorzugen Sie als Sparringspartner unbedingt die ortsbekannten Streithammel, das macht jeden Ärger doppelt schön.

Und dann: Volle Kraft voraus!

Brüllen Sie den städtischen Hilfspolizisten an,

wenn er wieder auf Jagd nach Falschparkern ist und Sie zu seinem nächsten Opfer machen will ... Treten Sie dem Nachbarn gegen dessen neuen Audi, sobald er sich abfällig über Ihren klapprigen Mitsubishi äußert ... Schmeißen Sie den Computer-Monitor des Kollegen aus dem Bürofenster, falls der Betreffende die Excel-Tabelle aus Versehen schon wieder nicht abgespeichert hat ...

Die Folgen sind frappierend.

Innerhalb kürzester Zeit ist überall bekannt, wie streitsüchtig und unbeherrscht Sie sind. Allenthalben wappnen sich die Leute deshalb mit Vorsicht, und Ihnen eröffnet sich eine neue Karriere – und zwar als Prozesshansel.

Denn mit zänkischen Menschen verkehrt man am liebsten per Gerichtsbeschluss.

Und der Hausarzt weiß bald nicht mehr, wie er den hohen Blutdruck und die Magengeschwüre des Patienten in den Griff bekommen soll.

Dann heißt es: »Stopp, Herr Bollerkopp!«

Gar niemand muss als notorischer Poltergeist zum Schrecken seiner Umwelt werden.

Es ist sicher gesund, nicht jeden Ärger hinunterzuschlucken, sondern sich immer wieder Luft zu machen. Irgendwann läuft sonst der seelische Mülleimer über, was für Körper und Psyche gleichermaßen schädlich ist. Wer seinen Frust ständig nur hinunter schluckt, der vergiftet Gedanken und Gefühle, und der überlastet schnell das Nervensystem.

Andererseits verlangt die seelische Hygiene, dass wir uns für manche Situationen ein dickes Fell zulegen. Denn dünnhäutige Menschen nehmen zu vieles zu schnell persönlich, und reagieren deshalb immer gereizter. Sie gehen auf die Barrikaden und reiben sich auf – ohne dass dadurch etwas anders, geschweige denn besser wird.

Im Umgang mit uns selbst und den Mitmenschen ist also Augenmaß gefragt. Man sollte die unvermeidlichen (oder sogar erwünschten) Aufregungen von den Ereignissen trennen, die den Ärger nicht wert sind. Und der Verzicht auf offene Gewalt ist die Grundlage von Zuneigung und Anerkennung. Damit das tägliche Wohlbefinden nicht mehr als nötig reduziert wird, und damit das Zusammenleben erträglich bleibt.

Ottokar, so wird es wahr.

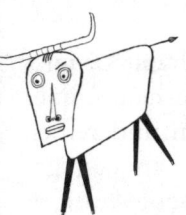

Steter Ärger bricht das Herz

Alice Prollheim-Schmock hat endgültig die Nase voll.

Oder zumindest beinahe.

Seit mehr als fünf Jahren engagiert sie sich für die Erhaltung der Donnsdorfer Trauerweiden.

Obwohl ihr jeder doch schon am Anfang klar machen wollte, dass sie damit sowieso keinen Erfolg haben würde.

Und wer hat ihr seitdem nicht alles Knüppel zwischen die Beine geworfen: die Wohnungsbaugesellschaft, der kaufmännische Verein, das Wirtschaftsministerium …

Aber so leicht gab sie nicht auf. Hat Himmel und Hölle in Bewegung gesetzt, um die alten Bäume vor der Kettensäge zu retten. Manchmal im letzten Augenblick.

Doch allmählich droht ihr das alles über den Kopf zu wachsen, und sie möchte den Bettel am liebsten hinschmeißen.

Aber was soll's?

Natürlich kann man nach wie vor mit ihr rechnen, na klar.

Jeder weiß ja, dass sie am Ende die Flinte nicht einfach ins Korn werfen wird. Dafür ist ihr die Sache einfach zu wichtig, und Bäume haben leider eine schlechte Lobby.

Also kämpft sie weiter, bis die Zukunft der Donnsdorfer Trauerweiden gesichert ist.

Oder bis sie der Stress endgültig geschafft hat.

Menschen wie Alice sind zweibeinige Gebetsmühlen mit der Qualität einer Haftmine.

Man entkommt ihnen nämlich nicht.

Sie finden immer Wege, die Mitmenschen auf ihr Anliegen hinzuweisen. Ebenso hartnäckig wie penetrant, und gleichzeitig überaus lobenswert.

Denn ihr Einsatz gilt der Restaurierung von alten Kirchenfenstern, dem Schutz der roten Waldameise oder dem Ausbau von Radwegen. Aber niemals den Vorteilen für die eigene Person. Was den Umgang mit ihnen nicht unbedingt einfach macht.

Wo sie auch gerade geht und steht, Frau Prollheim-Schmock wirbt bei jedem um Unterstützung, den sie sich greifen kann. Ob auf dem Flur zur Betriebskantine, im Hallenbad oder bei einer zufälligen Begegnung an der Eiger-Nordwand – Alice ist immer im Einsatz, und sie hat ständig reichhaltiges Informationsmaterial dabei.

Schon von weitem nimmt sie ihr Opfer ins Visier und kommt mit breitem Lächeln darauf zu. Wehe dem, der dieses Signal für den Ausdruck von harmloser Freundlichkeit hält, und der nicht umgehend das Weite sucht!

Er wird erwischt und festgenagelt.

In den nächsten 40 Minuten muss er ein flammendes Plädoyer über sich ergehen lassen; wider die Gleichgültigkeit und für das Mitgefühl, nur entschieden zu lang.

Mit erhobenem Zeigefinger und nachdrücklicher Stimme verkündet Alice ihre Botschaft. Ein Gewitter von erschreckenden Fakten prasselt auf den Zuhörer nieder, die Flutwelle der Argumente ertränkt jeden Widerstand.

Kein Zweifel: Wird der Baumwollspinner nicht gerettet, dann stirbt die Menschheit auch. Der Untergang des Abendlandes findet bereits in Kürze statt.

Doch die Überdosis an missionarischer Begeisterung reißt die Zeitgenossen nicht mit. Im Gegenteil. Bald brummt ihnen wahrscheinlich der Schädel von der Masse an dramatischen Informationen, und sie würden liebend gern Reißaus nehmen.

Was aber nicht so leicht ist.

Mancher hat nur deswegen für den guten Zweck gespendet oder ein Bürgerbegehren unterschrieben, um endlich die Freiheit wieder zu erlangen.

Denn vorher ist da nichts zu machen.

Nicht bei Alice.

Sie kämpft, und kämpft, und kämpft… Legt sich mit Behörden an, verteilt Flugblätter, organisiert Sitzblockaden. Wenn es sein muss, 24 Stunden am Tag, das ganze Jahr lang.

Alice hat in der Sache durchaus unsere Sympathie. Aber sie kann einem auch gewaltig auf die Nerven gehen.

Warum tut sich jemand diesen ganzen Ärger an? Weshalb nur wird die eigene Lebensqualität so hartnäckig den fremden Zielen geopfert? Was ist die Ursache für den permanenten Stress?

Frau Prollheim-Schmock rennt mit aller Macht gegen das Schicksal an.

Wenn etwas ihre Anteilnahme findet, dann muss sie einfach handeln. Das war immer so.

Schon früh fiel der Familie auf, wie rührend sich ihre Tochter um kranke Tiere kümmerte – und die Spielkameraden tröstete, wenn es denen schlecht ging. Eine sensible Seele in der rauen Wirklichkeit, so hatte die Großmutter sie genannt.

In allen Jahren nahm Alice das Leid der anderen persönlich, und sie fühlte sich für deren Unglück mit verantwortlich. Die Not von Pflanzen, Menschen und Tieren rührte sie von jeher so stark an, weil sie sich immer als Teil des Ganzen verstand.

Der Kosmos bleibt unteilbar, alles ist miteinander vernetzt und voneinander abhängig.

Am liebsten würde sie darum das Leben dazu zwingen, es mit jedem gut zu meinen. Und genau so handelt sie, denn idealistische Ansprüche und Perfektionismus gibt es auch beim Mitgefühl.

Wenn sich Alice etwas in den Kopf gesetzt hat, dann will sie mit demselben durch die Wand; ganz gleich, ob es um Karamellbonbons oder den Naturschutz geht. Das hatte sie als Einzelkind gelernt. Weshalb sie erst zufrieden ist, wenn sie ihr Ziel auch vollständig erreicht hat.

Nur 100 Prozent sind ein akzeptabler Erfolg, weniger ist nichts.

Doch die Welt spielt da nicht mit. Sie tut niemandem den Gefallen, besser zu werden, bloß weil man es von ihr verlangt. Und wenn ein Problem gelöst ist, dann drängt sich gleich ein neues auf. Nach den

Donnsdorfer Trauerweiden kommen die Kreuzkröten, auf die bedrohten Zaunkönige folgen die Feuersalamander. Eine Kette ohne Ende ...

Veränderung in kleinen Schritten – ja.

Doch der große Umsturz zum Besseren? Auf keinen Fall.

Beharrlichkeit ist hier der einzige Weg, der weiter führen würde. Doch Alice kann sich nicht mit behutsamen Fortschritten begnügen, selbst wenn sie keine andere Wahl hat. Sie reibt sich weiter auf, weil sie nach wie vor (und so heftig wie möglich) gegen alle Grenzen anrennen möchte, die ihr so unerträglich erscheinen.

Und weil sie aller Welt die Augen öffnen will.

Denn die Leute müssen doch endlich begreifen, welches Unrecht gerade geschieht. Vor allem aber sollen und müssen sie sich dem Kreuzzug für das Gute anschließen. Am besten sofort, das wird sie den anderen schon eindringlich klar machen.

Vorher gibt sie keine Ruhe, und die findet sie auch nicht.

Alice im Kummerland.

Eine unendliche Geschichte.

Jeder kann zum unglücklichen Weltverbesserer werden.

Die ersten Schritte sind schnell getan. Halten Sie in den nächsten Wochen Ausschau nach Missständen in Ihrer Umgebung. Beschränken Sie sich dabei auf ein Gebiet Ihrer Wahl, um Überforderungen zu vermeiden; etwa den Naturschutz, die Verkehrsplanung oder den Zustand der Stadtverwaltung.

Lassen Sie jetzt Ihrem missionarischen Eifer freien Raum. Wenden Sie sich damit gleich an diejenigen, die auf keinen Fall etwas an den bestehenden Verhältnissen ändern wollen – ein besonders verdienstvolles Unterfangen!

Versuchen Sie zum Beispiel, den kommunalen Bauausschuss davon zu überzeugen, alle neuen Siedlungsgebiete in Feuchtbiotope zu verwandeln… Drängen Sie beim Oberbürgermeister darauf, so ehrgeizige Projekte wie die zwölfspurige Stadtautobahn auch dann zu streichen, wenn genügend Geld im Stadtsäckel ist…

Das Ergebnis wird sie schmerzlich überraschen: Die da oben wollen nicht, aber sie sollen doch!

Während normale Bürger Ihrem Anliegen vielleicht wohlwollend gegenüberstehen, weht Ihnen aus dem Rathaus ein eisiger Wind entgegen; je länger sie kämpfen, um so schlimmer ist die Gegenwehr.

Jeder verbarrikadiert sich hinter zahlreichen Paragraphen, bombardiert Sie mit eigens dafür bestellten Gutachten oder erklärt Sie zum öffentlichen Störenfried.

Oder man lacht sie schlicht und einfach aus.

Das geht unter die Haut, und das tut manchmal richtig weh. So sehr, dass eines Tages auch Ihr gutes Herz in Mitleidenschaft gezogen wird. Dann ist die Schmerzgrenze endgültig erreicht.

Was für ein Schock, Frau Prollheim-Schmock!

Niemand muss darunter leiden, dass die Welt unvollkommen bleibt.

Zivilcourage und Engagement sind nötig, um die

Gleichgültigkeit zu besiegen. Wenn jeder nur auf den eigenen Vorteil achtet, dann kommt die Gemeinschaft unter die Räder. Und mit ihr das Vertrauen zueinander, der Respekt vor der Persönlichkeit des anderen und die gegenseitige Hilfeleistung.

Ökologische und soziale Entwicklungen brauchen ihre Zeit. Wer etwas übers Knie brechen will und extreme Erwartungen hat, der gefährdet jedes noch so gute Vorhaben. Der Zwang zu perfekten Lösungen führt nur zu einem Ergebnis: dem ständigen Stress für denjenigen, der da so unduldsam und ungeduldig ist.

Man braucht das nötige Augenmaß, um zu erkennen, was mit wem zu machen ist. Und die Bereitschaft, mit Kompromissen zu leben. Denn der Schlüssel für das Glück des Alltags liegt immer in der Unvollkommenheit des aktuellen Augenblicks. Nirgendwo sonst.

Kämpf' nicht ums Paradies, Alice.

Die Deutsche Bibliothek – CIP-Einheitsaufnahme
Ein Titeldatensatz für diese Publikation ist bei
Der Deutschen Bibliothek erhältlich.

1   2   3   4   5   05   04   03   02   01

© 2001 Kreuz Verlag GmbH & Co. KG Stuttgart, Zürich
Ein Unternehmen der Verlagsgruppe Dornier
Postfach 80 06 69, 70506 Stuttgart, Tel. 07 11 / 78 80 30
Sie erreichen uns rund um die Uhr unter www.kreuzverlag.de
Umschlagbild: Martin Haake, London
Umschlaggestaltung: Atelier Reichert, Stuttgart
Satz: detepe, Aalen
Druck und Bindung: GGP Media, Pößneck
Die Schreibweise entspricht den Regeln der neuen
Rechtschreibung.

ISBN 3 7831 2011 X